न्यू मीडिया

इंटरनेट की भाषायी चुनौतियाँ और सम्भावनाएँ

सम्पादक

आर. अनुराधा

राधाकृष्ण प्रकाशन

ISBN : 978-81-8361-562-4

न्यू मीडिया : इंटरनेट की भाषायी चुनौतियाँ और सम्भावनाएँ

पहला संस्करण : 2012
पहली आवृत्ति : 2022

मूल्य : ₹495

प्रकाशक
राधाकृष्ण प्रकाशन प्राइवेट लिमिटेड
जी-17, जगतपुरी, दिल्ली-110 051

शाखाएँ : अशोक राजपथ, साइंस कॉलेज के सामने, पटना-800 006
पहली मंजिल, दरबारी बिल्डिंग, महात्मा गांधी मार्ग, प्रयागराज-211 001
1, अनमोल सोराबजी संतुक लेन, धोबी तलाव, मरीन लाइंस, मुम्बई-400 002

वेबसाइट : www.radhakrishnaprakashan.com
ई-मेल : info@radhakrishnaprakashan.com

मुद्रक
राजकमल प्रेस
नई दिल्ली-110 002

NEW MEDIA
Internet Ki Bhashayi Chunautiyan Aur Sambhavnayen
Edited by R. Anuradha

पुस्तक परिचय

अमेरिका के रक्षा विभाग में आँकड़ों और सूचनाओं के लेन-देन को आसान बनाने के लिए स्थापित किया गया इंटरनेट अब आम आदमी तक पहुँच चुका है। समाचार माध्यमों के सहयोगी और कई जगह विकल्प के रूप में यह नए समाचार और सूचना माध्यम का रूप ले चुका है। इस नए माध्यम की बहुत-सी खासियतें हैं जो इसे पारम्परिक माध्यमों से एकदम अलग करती हैं, बल्कि यहाँ तक कहा जा सकता है कि यह समाचार की साझेदारी को फिर पुरातनकाल के समकक्ष ले जाने में सक्षम है, जब सामाजिक-राजनीतिक जमावड़ों, मुलाकातों, चौक-चौराहों पर और पत्रों के जरिए लोग एक-दूसरे से खबरें पाते थे।

तब की संचार-प्रक्रिया में कमी यह थी कि ऐसे आपसी वैयक्तिक लेन-देन में खबरें काफी समय लगाकर एक छोटे-से समूह में फैल पाती थीं, जिसके पहुँचने को सुनिश्चित करना भी आसान नहीं था। सामाजिक सम्बन्धों के जरिए ही खबरें चलती थीं, क्योंकि इसका कोई और जरिया नहीं था। और इसी कारण बड़े समूह तक तो खबरें अक्सर पहुँच ही नहीं पाती थीं। लेकिन तकनीक के जरिए नए माध्यम से सूचनाएँ शब्दों, चित्रों और आवाज के जरिए दुनिया-भर में चुटकी बजाते ही पहुँच जाती हैं और वह भी अनगिनत जाने-अनजाने सभी व्यक्तियों को एक साथ ही। संवाद पहुँचने पर नष्ट नहीं होता और पाठक अपनी सुविधा से उसे कभी भी देख सकता है और फिर उसी तेजी से अनेक लोगों के प्रतिसंवाद भी अनेक लोगों को एक साथ मिल जाते हैं। पत्रकारिता के इतिहास में यह एक जबर्दस्त मोड़ है कि यह सिर्फ 'पत्रकार' का गढ़ नहीं रह गई है। पत्रकार और पत्रकारिता की परिभाषाएँ भी बदल रही हैं।

नए संचार माध्यम तकनीकी रूप से बेहद समृद्ध हैं, लेकिन भिन्न आर्थिक-सामाजिक-राजनीतिक-सांस्कृतिक परिस्थितियों में इन तक लोगों की वास्तविक पहुँच, इनके उपयोग और असर की सीमाएँ हो सकती हैं। लेकिन निश्चित रूप से न्यू मीडिया की परिघटना क्षणिक आवेग या अस्थायी या किसी भौगोलिक क्षेत्र की सीमा में बँधी हुई नहीं है। एक खास बात यह भी है कि इस सार्वभौम नेटवर्क के रूप, उपयोग के तरीकों में बदलाव भी सतत होता रहेगा।

नए माध्यमों का आना हमारे देश को किस तरह से प्रभावित कर रहा है? यह सिर्फ एक विकल्प है या फिर मुख्यधारा का सशक्त पत्रकारीय औजार? जन-सूचना माध्यम के रूप में इसकी क्या सीमाएँ और शक्तियाँ हैं और इसके आगे बढ़ने के रास्ते में कौन-सी चुनौतियाँ इस समय देखी जा रही हैं? हमारे अपने देश की भाषाओं में इसके इस्तेमाल के लिए क्या सुविधाएँ उपलब्ध हैं और तकनीकी स्तर पर इसमें क्या रुकावटें हैं? ऐसे कई सवाल इस समय किसी भी मीडियाकर्मी या जिज्ञासु के सामने हैं। इन सवालों पर नए माध्यमों के कुछ सशक्त उपयोगकर्ताओं और विशेषज्ञों ने अपने पक्ष इस पुस्तक के विभिन्न अध्यायों के रूप में रखे हैं।

पहला अध्याय 'नए संचार माध्यम : एक परिचय' परिचयात्मक है जिसमें नए माध्यमों के विभिन्न पक्षों पर प्रारम्भिक टिप्पणी की गई है। दूसरा अध्याय 'न्यू मीडिया व नागर पत्रकारिता : अनाहूत क्रान्ति' नागर पत्रकारिता के औजार के रूप में नए जन-संचार माध्यमों को सम्भावना के रूप में देखता है। तीसरा अध्याय 'अभिव्यक्ति की निलम्बित आजादी और न्यू मीडिया' पारम्परिक व्यावसायिक मीडिया की चुनौतियों के सामने माइक्रो-ब्लॉगिंग साइट्स जैसे फेसबुक आदि को जन-संचार माध्यम के विकल्प के रूप में देखने की जरूरत और पुरानी व्यवस्था के साथ इसके संघर्ष की स्थितियों की पड़ताल करता है। चौथे अध्याय 'फेसबुक का समाज और हमारे समाज में फेसबुक' में जन-संचार के इन नए माध्यमों को लेकर आशंकाएँ जताई गई हैं और पूँजी और बाजार के दबाव में न्यू मीडिया की स्थिति का आकलन किया गया है।

पाँचवाँ अध्याय 'भाषा कम्प्यूटरी–हिन्दी विकास का नया दौर' हिन्दी और भारतीय भाषाओं में कम्प्यूटरी के आधारभूत मुद्दों को स्पष्ट करता है और देसी भाषाओं में इन माध्यमों को और सक्षम और सुविधायुक्त बनाने के तरीकों और अपनी भाषा में इसके इस्तेमाल की चर्चा करता है। छठा अध्याय 'हिन्दी ब्लॉग का सफर' हिन्दी में ब्लॉगिंग का इतिहास और विकास, ब्लॉगिंग की प्रक्रिया, इसकी समस्याओं और इसके लिए उपलब्ध समाधानों और औजारों की विस्तृत विवेचना करता है। सातवाँ अध्याय 'हिन्दी में इंटरनेट : अवरुद्ध विकास की गाथा' हिन्दी कम्प्यूटरी और इंटरनेट में देसी भाषाओं की दक्षता में कमी के तकनीकी कारणों का जिक्र करता है और इन कृत्रिम कमियों के सामाजिक, व्यवस्थागत कारणों की ओर इंगित करता है।

आठवाँ अध्याय 'वर्चुअल स्पेस में चोखेरबाली' महिला विषयों पर हिन्दी के पहले सामुदायिक ब्लॉग 'चोखेरबाली' के उद्‌भव और विकासयात्रा की गाथा कहता हुआ स्त्री-विमर्श, उसके फलसफे और नए माध्यमों, इंटरनेट की आभासी दुनिया में उसकी स्थिति का खुलासा करता है। नौवाँ अध्याय 'कबाड़खाना : एक ब्लॉग का फलसफा' सांस्कृतिक रूप से समृद्ध एक पुराने ब्लॉग 'कबाड़खाना' के जरिए यह समझने की कोशिश है कि ब्लॉग के रूप में नए माध्यम में रचनात्मकता की कोई भौगोलिक, सामाजिक सीमा नहीं। इन दोनों ब्लॉगों को केस स्टडी के तौर पर लेकर हिन्दी में ब्लॉगिंग के जरिए संवाद और विमर्श की उभरती सम्भावनाओं को सामने लाया गया है।

चूँकि इंटरनेट के सहारे चल रहे असीम सम्भावनाओं वाले नए जन-संचार माध्यमों के उपयोगकर्ता अपनी-अपनी तकनीकी दक्षता और सीमाओं के साथ जरूरत भर उनका उपयोग कर रहे हैं, इसलिए पुस्तक में शामिल लेखों में किसी एक विषय पर लेखकों का नजरिया अलग-अलग हो सकता है। यही कारण भी है इस पुस्तक को तैयार करने का। इस वजह से कुछेक अध्यायों में सूचनाओं का दोहराव हुआ है, लेकिन वह लेखों को एक दृष्टि देने के लिए जरूरी भी है। इस पुस्तक को छात्रोपयोगी बनाने के लिए यथासम्भव सन्दर्भ दिए गए हैं। न्यू मीडिया, पत्रकारिता के औजार

के रूप में अध्ययन के लिए एक अपेक्षाकृत नया विषय है, इसलिए इसमें कमियाँ स्वाभाविक हैं। कई सम्बन्धित विषय छूट गए हैं, फिर भी भरसक कोशिश रही है कि सभी पक्षों को यथासम्भव सामने जरूर लाया जाए।

पुस्तक को बनाने में उत्साह से आगे आए सभी लेखकों की आभारी हूँ। इस पुस्तक में बिना किसी प्रत्याशा के योगदान करने वाले सभी लेखकों का मुख्य उद्देश्य विषय और उससे जुड़े मुद्दों का व्यापक प्रसार करना रहा है, यह मैं समझती हूँ और उनकी इस भावना की कद्र करती हूँ। नए माध्यमों के कुछ और विशेषज्ञ निजी कारणों से इस संकलन के लिए आलेख नहीं दे पाए, लेकिन उन्होंने भी मेरा उत्साह-वर्धन किया। सभी का आभार।

नई दिल्ली
अगस्त, 2012

—आर. अनुराधा

अनुक्रम

न्यू मीडिया

इंटरनेट की भाषायी चुनौतियाँ और सम्भावनाएँ

नए संचार माध्यम : एक परिचय

आर. अनुराधा

नए संचार माध्यम या न्यू मीडिया क्या है

संचार हमेशा से मानव की प्राथमिक जरूरत रहा है। मानव कई तरीकों से अपनी यह जरूरत पूरी करता रहा है। आदिमानव इशारों और ध्वनियों से अपनी बात कहता था तो बाद के मानव ने पहले बेतरतीब और फिर तरतीबवार भाषा और उसे जाहिर करने वाले चित्रों, चिह्नों यानी अक्षरों को संचार का साधन बनाया। इस अवस्था में एक से दूसरे तक यानी अन्तर्वैयक्तिक संचार की प्रधानता रही। दो व्यक्तियों या एक ही स्थान पर मौजूद छोटे-से समूह के लोगों के बीच संचार की शुरुआत हुई। संचार के इन आधारभूत तरीकों को तकनीकी विकास ने विस्तार दिया। नतीजतन, जन-संचार यानी एक से अनेक तक सम्प्रेषण का विकास हुआ और प्रिंट और इलेक्ट्रॉनिक यानी रेडियो और टेलीविजन माध्यमों के जरिए अनेक प्रत्यक्षतः असम्बद्ध लोगों के बीच संचार कायम हुआ।

ध्यान देने की बात है कि टेलीविजन, रेडियो या अखबार संचार के माध्यम हैं जो तकनीक के वाहन पर सवार होकर एक व्यक्ति या जगह से सन्देशों को दूर के अनेक लोगों तक पहुँचाने यानी जन-संचार का काम करते हैं। कई सदियों तक छपाई ही जन-संचार की उपलब्ध तकनीक रही, फिर रेडियो-टीवी का प्रादुर्भाव हुआ। उसके बाद तकनीकी विकास ने एक नई करवट ली और नए सम्प्रेषण माध्यम विकसित हुए जो कई माध्यमों का संयोजन यानी कनवर्जन थे। कई संचार तकनीकों को मिलाकर जो नए जन-संचार माध्यम विकसित किए गए हैं, उनकी कल्पना भी कुछ दशकों पहले तक नहीं की जा सकती थी। नए माध्यमों में अन्तर्वैयक्तिक और जन-संचार–दोनों ही तरह के संचार माध्यमों की विशेषताएँ होती हैं।

नए माध्यमों का इस हद तक विकास हो गया है कि व्यक्ति एक ही सन्देश अनगिनत लोगों तक एक साथ ही पहुँचा सकता है, वह भी हर व्यक्ति के लिए कस्टमाइज करके। साथ ही, इस संचार में शामिल सभी व्यक्तियों की इस सन्देश में बराबर भागीदारी हो सकती है, यानी उनके पास समान सुविधा होती है कि वे भेजे गए सन्देशों में से अपने लिए इच्छित सन्देशों को ही पाएँ, न कि सभी सन्देश जो कि प्रेषक भेज रहा है। इस छँटनी के लिए उन्हें पारम्परिक माध्यमों की तरह पहले हर सन्देश को देखना-पढ़ना जरूरी नहीं है। वह मशीन और सॉफ्टवेयर में उपलब्ध विकल्पों के जरिए पहले से ही अपनी पसन्द तय कर सकता है। उदाहरण के लिए, अखबार में से व्यापार की खबरें पढ़ने के लिए पूरा अखबार लेना जरूरी होता है, लेकिन किसी वेबसाइट की सिर्फ व्यापारिक खबरों को सब्सक्राइब करने या पाने का विकल्प ऑनलाइन पाठक/यूजर के पास होता है।

अन्तर्वैयक्तिक संचार में एक बार में एक ही व्यक्ति तक उसके कस्टमाइज्ड सन्देश पहुँच सकते हैं, और भेजे गए सन्देशों पर हर भागीदार का बराबर नियंत्रण होता है, वह उसमें अपनी बात जोड़ सकता है, लेकिन अलग-अलग समय पर। पारम्परिक जन-संचार के माध्यमों के जरिए किसी सन्देश को एक ही समय में अनेक लोगों तक पहुँचाया जाता है, लेकिन एक ही रूप में। हर पाने वाले के अनुकूल बनाकर सन्देश को एक ही बार में सब तक प्रसारित किया जा सके, ऐसी सुविधा उनमें नहीं होती। साथ ही, पारम्परिक जन-संचार माध्यमों में प्रसारित सामग्री पर उसे भेजने वाले एक व्यक्ति का ही पूरा नियंत्रण रहता है, पाने वाले की कोई हिस्सेदारी नहीं होती।

नए माध्यमों की वाहक तकनीक जितनी जटिल और उन्नत है, माध्यम में उतनी ही सरलता है। लेकिन खास बात यह है कि इसमें उपयोगकर्ता को तकनीक की जानकारी होना कतई जरूरी नहीं है। प्रिंट, रेडियो या टेलीविजन का इस्तेमाल करके सन्देश भेजने वालों को तकनीक की जानकारी होनी जरूरी है। सन्देश का जवाब देने पर उसे प्रकाशित या प्रसारित नहीं किया जाएगा, इसकी आशंका भी बहुत ज्यादा है, यानी व्यवस्था में कई स्तरों पर सन्देश की छँटनी की गुंजाइश रहती है। नए माध्यम अपनी सारी सुविधाओं के साथ यह सहूलियत भी देते हैं कि इसके उपयोगकर्ता को कम्प्यूटर का तकनीकी ज्ञान होना कतई जरूरी नहीं है। वह अपनी आवाज या चित्र या पहले से तैयार सामग्री किसी दूर बैठे व्यक्ति को तत्काल भेज सकता है। माध्यम के संचालन का तरीका और सामग्री को समृद्ध बनाने का हुनर तत्काल सीखा जा सकता

है। साथ ही, सन्देश को प्रकाशित-प्रसारित होना ही है, भले ही प्राप्तकर्ता इसे अस्वीकृत कर दे। कोई नया माध्यम जितना विकसित है, उसका इस्तेमाल उतना ही सहज है।

माध्यम ही सन्देश है–ऐसा कहा गया जब औद्योगिक क्रान्ति के समय में जन-संचार माध्यमों में क्रान्तिकारी बदलाव आ रहे थे। लेकिन अब माध्यम की सीमाएँ खत्म हो गई हैं। सन्देश ही सब कुछ है। नया मीडिया यानी आम आदमी की देश-काल की सीमाओं को तोड़ती हुई डिजिटल माध्यम से की गई इंटरएक्टिव अभिव्यक्ति। कंटेंट पर किसी सम्पादक या संवाददाता का नियंत्रण नहीं है। नए मीडिया में अभिव्यक्ति में मिलावट बिलकुल नहीं है। भले ही कच्चापन हो, पर उसकी मार सीधी है। सबसे बड़ी बात यह कि यहाँ अपनी राय दबाने-छुपाने की मजबूरी नहीं है। रुझान होना गलत नहीं बल्कि जरूरत है जबकि पारम्परिक मीडिया झुकावों के बाबजूद निरपेक्ष होने का ढोंग करता है। नए मीडिया के प्रयोक्ता के झुकाव पढ़ना आसान है, और कोई दूसरा मत खोजना और भी आसान। यह सुविधा पाठक के पास है कि अपनी समझ के अनुसार सही स्रोत तक पहुँच बनाए। यह सरलता और स्पष्टता ही नए मीडिया की ताकत है। इसके उपभोक्ता में कौशल भले ही न हो लेकिन अनुभव है, आइडिया है, और अपने आइडिया की परख करने, सही लगे तो समर्थन पाने या उसके विरोधी तर्क खोजने और एक स्पष्ट धारणा बनाने के लिए साधन भी वहीं पर उपलब्ध हैं, तत्काल और सार्वभौमिक।

आज के समय में नए माध्यम

कोई दशक भर से गाँव-शहर, रेल लाइनों के साथ-साथ, जंगल-पहाड़ के बीच, सड़कों के किनारे, मैदानों में, नालों के आर-पार और बिजली की लाइनों के साथ-साथ खुदाई करके मोटे-मोटे हरे, नीले, पीले, लाल, नारंगी तारों को बिछाने का महती काम देश भर में चल रहा था। खूब चर्चा थी कि इन ऑप्टिक फाइबर केबलों के बिछने के बाद टीवी केबल, फोन और इंटरनेट के लिए अलग-अलग कनेक्शनों की जरूरत नहीं होगी। एक ही तार से सब चलेंगे। ऑप्टिक फाइबर के देश भर में बिछे इस जाल ने दूर बैठे लोगों को लगातार सम्पर्क में रहने के साधन दिए। इससे गुजरकर कई रूपों में सन्देश तत्काल और बिना धुँधले हुए, पहुँचने लगे। व्यक्ति दूर बैठे लोगों के साथ बातों, तसवीरों, वीडियो, कागजात का डिजिटल रूप में लेनदेन तत्काल कर सकता है। टेलीफोन, रेडियो, टीवी की

तरह यह संचार एकतरफा या समय या स्थानबद्ध नहीं है। भेजा गया सन्देश, पाने वाला अपनी सुविधा से बाद में भी देख-सुन सकता है, बिना उसके नष्ट होने की आशंका के। इन सन्देशों को रखने के लिए उसके पास जगह का इन्तजाम हो, यह भी कतई जरूरी नहीं। यह सब एक आभासी दुनिया में, डिजिटल रूप में सुरक्षित है जहाँ जगह की उपलब्धता की भी कोई सीमा नहीं है। बड़े-बड़े सन्देश भी छोटे रूप धरकर कहीं तक भी पहुँच सकते हैं। लोग कहीं भौतिक रूप से मौजूद रहे बिना भी घटनाओं के गवाह हो सकते हैं, अपनी उपस्थिति वहाँ दर्ज करा सकते हैं, दखल दे सकते हैं यानी जन-संचार दोतरफा होता है।

कोई अपना ब्लॉग या वेबसाइट बनाता है तो उस पर लिखित सामग्री के अलावा वीडियो, चित्र आदि भी डाल सकता है। उस पर अपनी प्रतिक्रिया या फीडबैक के तौर पर लोग भी अपनी सामग्री साझा कर सकते हैं। वीडियो चैट में आप दूर कहीं रहने वाले व्यक्ति के आमने-सामने हैं, जीवन्त और उसी समय में। ऑरकुट, फेसबुक में रूप बदलकर मजे से अपने मन की कहते-करते रहिए, करीबी भी नहीं जान-पहचान पाएँगे, जब तक आप न चाहें। वेबसाइटों पर आपको अपनी हर बात कहने, छापने की आजादी है। कोई उसे चुनने, छाँटने, सम्पादित करने या रोकने वाला नहीं (यह और बात है कि नए कानूनों और उनकी व्याख्या से हालात बदल रहे हैं और सरकारी एजेंसियों की साइबर दुनिया पर पहरेदारी सख्त हो रही है) क्योंकि इसमें सम्पादक, प्रसारक और लेखक सभी आप खुद हैं। ये सन्देश अनगिनत लोगों तक एक बार में ही, और उनके लिए निजी डाक की तरह पहुँचते हैं। और श्रोता-दर्शक हैं या नहीं, उन्हें आपका सन्देश कैसा लगा, इसका पता भी कमेंट, फीडबैक, जवाब में नई पोस्ट से लग जाएगा। अगर आपके संवाद-मंच पर मेहमानों की नियमित आवाजाही है, तो वे अपने आप वहाँ पहुँचेंगे, देर-सवेर। यदि कोई अपनी दुकान का नया माल किसी को खासतौर पर दिखाना चाहता है तो उसकी 'दीवार' पर सन्देश लिख आए या न्यू मीडिया की डाक ई-मेल से उस सन्देश का वेब पता या लिंक भेज दे, बस। और कहीं कुछ छूट गया तो इंटरनेट पर सर्च यानी खोजने की सुविधा भी मौजूद है, जो सीधे उसी वेब पते पर पहुँचाएगी, जहाँ कोई जाना चाहता है। किसी शब्द या शब्द-समूह की इंटरनेट में मौजूदगी देखना चाहते हैं, किसी विषय पर जानकारी चाहते हैं तो भी सर्च इंजन आपके सामने ढेरों वेब पतों का खाता खोलकर रख देगा, जिनमें वह शब्द या शब्द-समूह मौजूद है। इनमें से आप अपने इच्छित साइट को चुनकर उसे खोलकर देख सकते हैं। इस तरीके से सिर्फ

टेक्स्ट नहीं बल्कि चित्र और वीडियो भी खोजे जा सकते हैं, हालाँकि फिलहाल इसकी सीमा यह है कि चित्र या फिल्म को भी उसके शीर्षक, की-वर्ड या टैग, यानी उसके साथ लिखे गए शब्दों से ही खोजा जाता है। इस तरह तैयार संवाद की सामग्री या सन्देश ज्यादा समृद्ध हो सकते हैं क्योंकि इनमें लिखने वाले के लिए तथ्यों को जानने और अपनी जानकारी को जाँचने के भी साधन मौजूद हैं। साथ ही, उसे पता है कि तथ्य-जाँच के ये साधन सन्देश पाने वाले के पास भी उसी सहजता से मौजूद हैं। उसने जरा गलती की, तो उसकी आलोचना करने वाले टूट ही पड़ेंगे।

कुल मिलाकर इंटरनेट के जरिए व्यक्ति या संस्था या संस्थान अनेक लोगों तक अपनी बात पहुँचा सकते हैं। इसमें तसवीर, प्रिंट, फिल्म या समय, पाठक/दर्शक/श्रोता जैसी सीमाएँ नहीं हैं। उसे इन सभी तरीकों से और सभी के सामने, बिना समय की सीमा के, अभिव्यक्ति की सुविधा मिली है। वह चाहे तो इन सभी माध्यमों का एक साथ इस्तेमाल करके अपने सन्देश के असर को कई गुना बढ़ा सकता है। और इसके लिए उसे कोई बड़ा निवेश करने की भी जरूरत नहीं है। किसी अदृश्य स्पेस में उसके सारे सन्देश अपने विविध रूपों में अमूर्त रूप में विद्यमान रहेंगे, जिन्हें वह और उसके पाठक/दर्शक/श्रोता किसी भी समय किसी भी जगह से फिर पा सकते हैं।

नए आजाद इंटरनेट मीडिया का जन्म जियोसिटीज डॉट कॉम और ट्राइपॉड डॉट कॉम नाम की वेबसाइटों के साथ हुआ था। ये पहली ऐसी वेबसाइटें थीं जिनमें आपको अपनी बात कहने के लिए अपने अलग यूआरएल पर मुफ्त में जगह मिल सकती थी। इन दोनों की शुरुआत लगभग एक साथ ही, 1994 में हुई। जियोसिटीज डॉट काम या ट्राइपॉड डॉट काम में कोई भी मुफ्त में अपनी जगह तैयार कर किसी भी विषय पर अपना वेबपेज बना सकता था। लेकिन इन साइटों में वेबपेज बनाने के लिए एचटीएमएल और वेब डिजाइनिंग की कुछ समझ जरूरी थी। इनके माध्यम से अभिव्यक्ति सुलभ तो थी, लेकिन आसान नहीं थी। और यहाँ जगह की भी सीमा थी। इसलिए ये वेबसाइट नए मीडिया की शुरुआत अवश्य बने लेकिन इसके वाहक न बन सके।

ब्लॉग बने नए मीडिया की पहचान

कहने को तो ब्लॉग उससे पहले भी रहे थे, लेकिन ब्लॉगिंग की सही पहचान बनी 1998 में, जब लाइवजर्नल डॉट कॉम (Live journal.com) नाम की वेबसाइट

का जन्म हुआ। इस साइट पर पहली बार एक आसान इंटरफेस का इस्तेमाल कर आप अपनी बात कह सकते थे जिसे कोई भी पढ़ सकता था। और दाम सबसे बेहतर था—एकदम मुफ्त। इस वेबसाइट पर बहुत जल्दी इतने ब्लॉग बने कि इसकी क्षमता कम पड़ गई। इस पर ब्लॉग बनाने के लिए निमंत्रण प्राप्त करना मुश्किल होता गया। इसी दौरान कई और वेबसाइटों ने भी ब्लॉगिंग सुविधाएँ उपलब्ध कराईं, और धीरे-धीरे ब्लॉगिंग वहाँ पहुँच गई जहाँ इसे हम आज पहचानते हैं।

ब्लॉग इंटरनेट पर कंटेंट डालने को आसान बनाने की पहली जोरदार कोशिश थी। इससे पहले इंटरनेट प्रयोक्ता के लिए मुफ्त अभिव्यक्ति के माध्यम तो थे लेकिन उनका इस्तेमाल करने लिए सजा-सजाया मंच उपलब्ध नहीं था। ब्लॉग ने व्यक्तिगत अभिव्यक्ति को सजा-सजाया मंच दिया और इस कदम ने इंटरनेट पर नई मीडिया क्रान्ति के लिए सही मायने में जगह दी।

नया मीडिया यानी लगातार नया होता मीडिया

कुछ समय पहले तक तो ब्लॉग नई मीडिया क्रान्ति के झंडाबरदार थे लेकिन ट्विटर, फेसबुक जैसे छोटे, आसान और अधिक इंटरएक्टिव सोशल माध्यमों ने इनको भी बौना बना दिया। नए मीडिया की नई पहचान अब सिर्फ ब्लॉग नहीं हैं, बल्कि माइक्रो-ब्लॉगिंग के ट्विटर, फेसबुक और इसकी तरह के अन्य साधन हैं। इन नए माध्यमों के जरिए आम आदमी की अभिव्यक्ति को पाठक, श्रोता और दर्शक मिल रहे हैं। लेकिन अभी यह भी मानना जल्दबाजी होगी कि फेसबुक और ट्विटर से भी साथ लम्बे समय तक निभने वाला है। हो सकता है, जब तक हम इन्हें अच्छी तरह से समझ पाएँ, तब तक ये भी पुराने पड़ जाएँ। नए मीडिया में सबसे महत्त्वपूर्ण है इसका नया होना। समय गुजरने के साथ-साथ नया मीडिया लगातार परिवर्तित हो रहा है, नया स्वरूप ले रहा है, और इसमें बदलाव की रफ्तार भी बढ़ रही है।

उपलब्ध नए माध्यमों में शामिल हैं—ब्लॉग और विकी सहित सभी वेबसाइट, ई-मेल, सीडी या डीवीडी, इलेक्ट्रॉनिक कियोस्क, इंटरएक्टिव टेलीविजन, इंटरनेट टेलीफोनी, मोबाइल फोन, पॉड कास्ट (इंटरनेट के जरिए ध्वनि का प्रसारण) या वेबकास्ट (वीडियो का प्रसारण), हाइपरटेक्स्ट साहित्य यानी लिंकित सामग्री आदि।

जानकारी साझा करने के अलावा सोशल नेटवर्किंग साइट्स फेसबुक, ऑरकुट, हाई-फाइव पर गपशप-चर्चा, सन्देशों की साझेदारी हो सकती है, तो

किन्हीं खास विषयों पर बातचीत के लिए चैटरूम हैं। वहाँ आप अपरिचितों से भी संवाद कर सकते हैं, साथ ही, बहुरुपिया बन, परिचितों के सामने भी अपरिचित-सा बने रह सकते हैं ताकि पहचान छुपी रहे। पारम्परिक माध्यमों के मुकाबले नए माध्यम भागीदारी की बेहिसाब सुविधा देते हैं। हालाँकि ऐसी भागीदारी एकरेखीय हो सकती है। एक व्यक्ति कुछेक खास विषयों और उनमें भी खास धाराओं पर ही चर्चाओं में शामिल होना चुन सकता है।

नए माध्यमों में बसे नए समाज

इस आभासी दुनिया में बातें वास्तविक हैं, लोग भी वास्तविक हैं, लेकिन उनकी पहचान आभासी हो सकती है। वे वही हैं, जो वे खुद बताते हैं। कम्प्यूटर के आईने में आप किसी को जिस रूप में देख पा रहे हैं, आपके लिए वह व्यक्ति वही है। वह जो कहता-दिखाता है, आपके लिए वही सच है। इस सच को परखने का कोई ऑनलाइन जरिया नहीं है, जब तक कि वह व्यक्ति किसी तरह खुद न जाहिर करे। हो सकता है, कोई एक इनसान वास्तविक और आभासी दुनियाओं में अलग-अलग रूपों में रहता हो। लेकिन फिर भी तकनीक के सहारे बने नए संचार माध्यमों के उसी अन्तरिक्ष में ऐसे आभासी सम्बन्धों का पूरा संसार बसा है। यह बनावट सिर्फ दिखावट की नहीं, विचारों, तथ्यों और बातों की भी हो सकती है। लेकिन बहुरुपिया होना ज्यादातर नेटवासियों को नहीं सुहाता, कभी-कभार किन्हीं खास जगहों पर ही वे रूप बदलते हैं। इसीलिए वे अपने मित्रों, परिचितों, रिश्तेदारों से सहज ही नेट-सम्पर्क में रह पाते हैं।

नए माध्यमों में सामाजिक सम्बन्धों के लिए जगह की, भौतिक मौजूदगी की महत्ता बहुत कम रह गई है। इसका एक पहलू यह भी है कि इस आभासी दुनिया के आराम को छोड़कर वास्तविक दुनिया के समाज की ओर रुख करना शरीर और मन को थोड़ा कष्ट देने वाला और रूखा है। लेकिन वास्तविक दुनिया में वास्तविक संवेदनाएँ हैं, स्पर्श हैं, अच्छी-बुरी भावनाएँ हैं, अनकही प्रतिक्रियाएँ हैं, अभिव्यक्तियाँ हैं, लोगों, जीवों का अनायास आना-जाना है, प्राकृतिक आवाजें हैं, शोर भी है, अनियंत्रित घटनाक्रम भी। संचार की गुणवत्ता आभासी दुनिया के मुकाबले वास्तविक संसार में कहीं बेहतर है। उस आभासी दुनिया में अपने जैसे लगने वाले, अपने जैसे विचारों वाले लोगों को चुनकर उन्हीं से संवाद करने और बाकियों को नजरअन्दाज करने, छोड़ देने की सुविधा है, बिना किसी पसोपेश में पड़े। अपना चुना हुआ सुरक्षित, काफी हद तक नियंत्रित या

कम-से-कम अपेक्षित सामाजिक वातावरण है। पर यह वास्तविक दुनिया में नहीं होता है। ज्यादातर अटूट सम्बन्ध आप चुनते नहीं बल्कि आपको बने-बनाए मिलते हैं। तो क्या लोगों के पास वास्तविक दुनिया से कटकर सिर्फ आभासी दुनिया में ही अपना समाज बनाने का विकल्प हो सकता है? इंटरनेट के सहारे बने आभासी वातावरण या वर्चुअल स्पेस में नए सामाजिक समीकरण बन रहे हैं, पुरानी सीमाएँ मिट रही हैं। नए समाजों में अलग तरह का लगाव, समन्वय, संयोजन बन रहा है, तो वही वास्तविक विश्व में बिखराव को भी दिशा दे रहा है। नेटवर्क-समाज में स्थिरता का प्रश्न भी महत्त्वपूर्ण है।

अच्छा या बुरा

इन नए माध्यमों की उपलब्धता ने कई अनौपचारिक जन-संचार के साधन भी दे दिए हैं। ब्लॉग को अनौपचारिक माध्यम माना जाता है। ऐसे लाखों ब्लॉग और दूसरे अनौपचारिक संवाद-मंच बन गए हैं जिन्हें लोगों ने अभिव्यक्ति या सन्देशप्रेषण के लिए उपयोग किया, लेकिन उस सन्देश तक कभी कोई पहुँच भी नहीं पाया, सिवाय प्रेषक के। ऐसे अनपहुँचे, अनदेखे सन्देशों और मंचों का एक जंगल भी उठ खड़ा हुआ है, जिसे बहुत लोग अपूर्ण संचार मानते हैं और इसे नए माध्यमों की कमजोरी के रूप में देखते हैं। यह अलग बात है कि उस आभासी संसार में यह सन्देश अनन्तकाल तक पड़ा रह सकता है और लोग उस तक पहुँच पाएँगे, इसकी सम्भावना हमेशा बनी रहती है।

इंटरनेट अब लोगों का ढेर सारा समय और ध्यान आकर्षित कर रहा है। काम के अलावा मनोरंजन और सामाजिकता की जरूरतों के लिए भी वे इसी पर निर्भर हैं। बदले में इन नए माध्यमों ने जो जगह और जरूरत लोगों के जीवन में बना ली है, उससे लोगों पर माध्यम के हावी हो जाने की पूरी गुंजाइश बनती है। दफ्तर में सिस्टम या इंटरनेट काम करना बन्द कर दे तो पूरा कारोबार ही ठप हो जाए। इस दफ्तर से जुड़े दूर-दराज के दफ्तरों के कामकाज पर भी इसका सीधा और तत्काल असर पड़ेगा। एक तरह से कम्प्यूटर सहूलियत बनने के साथ ही मजबूरी भी बन गया है।

अमेरिका के दो व्यक्तियों का एक दिलचस्प किस्सा है।*

यह घटना 1998 की है जब इंटरनेट के बढ़ते चामत्कारिक प्रभाव के वशीभूत डलास शहर के एक सज्जन मिच मडौक्स ने तय किया कि वे अगले

* http://www-time.com/time/magazine/article/0]9171]995958]00.html

एक साल तक अपनी हर जरूरत, हर काम के लिए कम्प्यूटर का ही इस्तेमाल करेंगे। लोगों से नहीं मिलेंगे, बाजार-सिनेमा नहीं जाएँगे, नौकरी पर भी नहीं जाएँगे, सिर्फ कम्प्यूटर और इंटरनेट के जरिए सब काम करेंगे। इसलिए वे घर से बिलकुल नहीं निकलेंगे। उनका नाम लोगों ने बदलकर श्रीमान डॉटकॉम (डॉटकॉम गाइ) कर दिया। दूसरी तरफ, 'शिकागो ट्रिब्यून' के कॉलम लेखक एरिक जॉन (नॉटकॉम गाइ) इंटरनेट, कम्प्यूटर, सेलफोन, फैक्स की निजी जीवन में बढ़ती दखलन्दाजी से थककर घोषणा कर बैठे कि वे अब इन उपकरणों का उपयोग किए बिना ही अगला एक सप्ताह बिताएँगे ताकि साबित हो सके कि ये सब आज के जीवन का उतना जरूरी हिस्सा नहीं हैं, जैसा कि समझा जाता है। उनके बिना भी जीवन बखूबी चल सकता है। अपने अनुभवों के बारे में वे लगातार लिखते रहे।

आखिर श्रीमान 'नॉटकॉम' ने हार मान ली और अपना तखल्लुस त्याग दिया। उन्होंने कहा कि बिना कम्प्यूटर-इंटरनेट के जीवित तो रहा जा सकता है, लेकिन आदत का मारा व्यक्ति इनके बिना चैन से नहीं रह सकता। उनको समझ में आया कि वे बिना वर्ड प्रोसेसर के कुछ लिख तक नहीं पा रहे थे। वे फिर से इंटरनेट और कम्प्यूटर से जुड़ गए। उधर श्रीमान 'डॉटकॉम' डटे रहे और पूरा साल उन्होंने अपनी शर्त पर बिताया। 16 कैमरों की नजरों के सामने हुए उनके इस प्रयोग के समर्थन में कई कम्पनियों ने उनके लिए मुफ्त राशन-पानी और दूसरी जरूरत की चीजें प्रायोजित कीं और मुनाफा कमाया। साबित हुआ कि ये नए संचार माध्यम आज की जरूरत बन चुके हैं।

लेकिन यह बात अमेरिका की है, हिन्दुस्तान की नहीं जहाँ छह लाख गाँवों के 91.5 फीसदी गाँववासी इंटरनेट के बारे में जानते तक नहीं। आईएएमएआई की 2011 की रिपोर्ट* के मुताबिक शहरों और गाँवों में मिलाकर कुल 18 फीसदी लोग ही कम्प्यूटर का इस्तेमाल करना जानते हैं। यहाँ 10 फीसदी लोग भी इंटरनेट, कम्प्यूटर का खर्च नहीं उठा सकते। गाँवों में लोगों की 70 फीसदी से ज्यादा इंटरनेट की जरूरत साइबर कैफे में पूरी होती है। लगे हाथों इन तथ्यों पर भी नजर डाल लें कि 85 फीसदी उपभोक्ता 19 से 40 साल की उम्र के हैं और 85 फीसदी इंटरनेट इस्तेमाल करने वाले पुरुष हैं। मोबाइल फोन हैं, पर सिर्फ बात करने के लिए। 3-जी अभी यहाँ के लिए नई बात है। यह भी सच है कि यह रोमांचक आभासी दुनिया देश की आबादी के महज 12वें हिस्से (8.5 प्रतिशत) तक की ही पहुँच में है। इसके कारण दोनों पक्षों में खोजे जा

---

* IAMAI Report on Internet in India (I-cube) 2011.

सकते हैं—एक तरफ उपभोक्ता की पहुँच उस तक नहीं हुई है, क्योंकि वह आर्थिक रूप से सक्षम नहीं है और दूसरी तरफ तकनीक खुद उस तक नहीं पहुँच पाई है। बिजली और कम्प्यूटर जैसी मध्यवर्ती जरूरतों की उपलब्धता का कोई ठिकाना नहीं और सामान्य शिक्षा का भी भयानक अभाव है, इस नई तकनीक की जानकारी की क्या कहिए!

इंटरनेट का इतिहास

जन-संचार का हर नया माध्यम तकनीक की नाव पर सवार होकर धीमी गति से निकलता है। लेकिन एक ठिकाने पर पहुँचने के बाद इतनी हलचल पैदा कर देता है कि लोग चौंक उठते हैं और अचानक ही उनके जीवन में उसका तेजी से और असरदार दखल हो जाता है। सूचना सम्प्रेषण या संचार की पगडंडी से लेकर सुपरहाइवे तक के रास्ते भी तकनीकी विकास के विभिन्न पड़ावों से ही होकर गुजरे। दूसरे विश्वयुद्ध के बाद से संचार तकनीक में क्रान्तिकारी बदलाव आए। कम्प्यूटरों का विकास भी उन्हीं महत्त्वपूर्ण बदलावों में से एक है। पिछली सदी के 60वें दशक में कम्प्यूटरों के आम इस्तेमाल की तरफ वैज्ञानिकों का जोर रहा। तब इंटरनेटवर्किंग का मतलब था—नेटवर्क से जुड़े कम्प्यूटरों के बीच आपसी सम्पर्क या आँकड़ों का आदान-प्रदान। इनके बीच जुड़ाव के लिए लीज-लाइन या सीधा सम्पर्क जरूरी होता था। इसके लिए ज्यादातर काम विश्वविद्यालयों, पुस्तकालयों में हो रहा था या फिर रक्षा से जुड़ी सूचनाएँ भेजने के लिए रक्षा अनुसन्धान संस्थाओं में। इस पर काम करने वाले भी वैज्ञानिक, इंजीनियर और रक्षा विशेषज्ञ थे। विशालकाय कम्प्यूटरों के आकार को लगातार छोटा करने की कोशिशें भी चलती रहीं। इस समय तक सर्किट स्विचिंग तकनीक इस्तेमाल में थी। यानी एक कम्प्यूटर से सम्पर्क करना हो तो एक टर्मिनल पर बैठो, दूसरे से करना हो तो टर्मिनल बदलो। यानी हर टर्मिनल एक खास दूर स्थित टर्मिनल से स्थायी तौर पर जुड़ा था, जहाँ सन्देश भेजे जा सकते थे। लेकिन यह खास टर्मिनल एक ही जगह, एक ही निर्दिष्ट, दूर स्थित कम्प्यूटर से जुड़ सकता था, किसी और कम्प्यूटर से नहीं। इस रुकावट से उबरने के लिए रैंड कॉर्पोरेशन के पॉल बैरन ने सबसे पहले पैकेट स्विचिंग तकनीक अपनाई। इसमें सन्देश स्वतः ही इलेक्ट्रॉनिक 'पैकेटों' में बदलकर भेजे जाते थे यानी एक ही टर्मिनल कई कम्प्यूटरों तक सन्देश भेज सकता था। इसी के बाद अमेरिका में चार संस्थानों ने सैन्य संगठन 'एडवांस रिसर्च प्रोजेक्ट एजेंट' (अर्पा) के लिए एक नेटवर्क बनाया जिसे

अर्पानेट कहा गया। 29 अक्टूबर, 1969 को रात 22:30 पर कैलीफोर्निया विश्वविद्यालय, लॉस एंजिल्स और स्टैनफोर्ड रिसर्च इंस्टीट्यूट के बीच पहला अर्पानेट लिंक स्थापित हुआ। कैलीफोर्निया विश्वविद्यालय के लेन क्लेनरॉक इस घटना के बारे में बताते हैं–"हमने आपस में टेलीफोन सम्पर्क बना लिया। हमने L टाइप किया और फोन पर पूछा कि क्या उन्हें L दिखाई पड़ता है? और जवाब आया–हाँ, दिखाई पड़ता है। फिर हमने O टाइप किया और पूछा कि क्या उन्हें O दिखाई पड़ता है, उन्होंने हामी भरी। फिर हमने G टाइप किया और सिस्टम क्रैश हो गया। लेकिन एक क्रान्ति की शुरुआत हो चुकी थी।" ('Roads and Crossroads of Internet History' by Gregory Gromov-1995)*

वैसे तो अर्पानेट बनाने का मकसद वैज्ञानिकों के बीच आँकड़ों और सूचनाओं का आदान-प्रदान और रिमोट कम्प्यूटिंग था लेकिन बाद में यह ई-मेल के लिए सबसे ज्यादा इस्तेमाल होने लगा। अर्पानेट तेजी से विकसित हुआ और 1981 तक इसके होस्ट्स यानी जुड़ने वाले कम्प्यूटरों की संख्या 213 हो गई। हर 20 दिन में एक नया होस्ट इससे जुड़ रहा था, हालाँकि अन्तर्राष्ट्रीय सहयोग बेहद कम था, जाहिर है, राजनीतिक कारणों से। 80 के दशक के शुरू में इंटरनेट उपयोगकर्ताओं के लिए एक मानक यानी प्रोटोकॉल TCP/IP (TRANSMISSION CONTROL PROTOCOL/INTERNET PROTOCOL) का विकास हुआ और इस तरह कम्प्यूटर में मानकीकरण का आगाज भी। अर्पानेट का रक्षा अनुसन्धान से जुड़ा धड़ा अलग हो गया और तब आम लोगों के लिए भी पर्सनल कम्प्यूटर पर इंटरनेट उपलब्ध होने लगा। पहली पर्सनल ई-मेल सुविधा 1979 में कम्प्यूसर्व ने उपलब्ध कराई। उसके बाद तो इंटरनेट पर हर सम्भव सुविधाएँ देने के लिए कम्पनियों में होड़ लग गई। पिछले 25 साल में डिजिटल तकनीक के इस्तेमाल में बेतहाशा बढ़ोतरी हुई है। उपग्रह संचार की तकनीक के साथ कम्प्यूटर ने विश्वग्राम यानी ग्लोबल विलेज की परिकल्पना को साकार कर दिया है।

भारत में

भारत में इंटरनेट 1994 के दौरान ही प्रचलन में आया। पहले कुछ समय तक एजुकेशन एंड रिसर्च नेटवर्क (अरनेट) ने शैक्षिक मकसद से यह सुविधा उपलब्ध करवाई, लेकिन 15 अगस्त, 1995 से विदेश संचार निगम लिमिटेड (बीएसएनएल) की मदद से व्यावसायिक उपयोग के लिए भी यह सुविधा उपलब्ध हो गई।

* http://www.netvalley.com/cgi.bin/intval/net_history.pl\chapter

बीएसएनएल की गेटवे इंटरनेट एक्सेस सर्विस (जीआईएएस) के नाम की इस सेवा का राजधानी दिल्ली एवं आसपास के क्षेत्रों के 32,000 से ज्यादा लोग इस्तेमाल करने लगे। अगस्त 1995 में दिल्ली, मुम्बई, कोलकाता और चेन्नई महानगरों से शुरू हुई इंटरनेट सुविधा से धीरे-धीरे बेंगलूरु, पुणे, कानपुर, लखनऊ, चंडीगढ़, जयपुर, हैदराबाद, पटना और गोवा भी जुड़ते गए।

आज इंटरनेट के बढ़ते जाल ने देश के लगभग हर हिस्से को अपनी जद में समेट लिया है। इंटरनेट उपभोक्ताओं की संख्या बढ़ रही है। नई तकनीक के जरिए कम्प्यूटर के अलावा मोबाइल फोन पर भी इंटरनेट कनेक्टिविटी उपलब्ध है। हमारे देश में मोबाइल फोन कनेक्शनों की संख्या बढ़ने की रफ्तार एक विलक्षण परिघटना है। भारतीय टेलीफोन नियामक प्राधिकरण (ट्राई) की मई 2012 की रिपोर्ट के मुताबिक मार्च 2012 में सवा अरब की आबादी वाले भारत में 92 करोड़ मोबाइल कनेक्शन थे और हर महीने इसमें करीब दो करोड़ का इजाफा हो रहा है। रिपोर्ट में कहा गया कि कम्प्यूटर और इंटरनेट का खर्च, शिक्षा का अभाव और खराब कनेक्टिविटी इस स्थिति के लिए सबसे ज्यादा जिम्मेदार हैं। लेकिन सर्वेक्षण के मुताबिक, मोबाइल फोन में 3-जी तकनीक से ग्रामीण और दूर-दराज के इलाकों में इंटरनेट को बढ़ावा मिलेगा और हो सकता है, स्थिति बेहतर हो। ट्राई द्वारा जारी आँकड़ों के मुताबिक, शहरों में टेलीडेंसिटी 170 प्रतिशत तक बढ़ गई है जबकि गाँवों में यह 40 के स्तर तक ही पहुँच पाई है।

दिसम्बर 2011 में इंटरनेट की पहुँच 12 करोड़ लोगों 8.5 फीसदी आबादी तक थी, जबकि 1998 में यह संख्या सिर्फ 25 हजार थी और पहुँच महज 0.1 फीसदी तक। अनुमान है कि 2015 तक भारत में इंटरनेट उपभोक्ताओं की संख्या 23.7 करोड़ हो जाएगी और पहुँच 19 फीसदी तक बढ़ जाएगी।

बदलाव का साधन

देश में इंटरनेट के जन-माध्यम बनने तक हम 21वीं सदी में प्रवेश कर चुके थे। इस तरह इसे नई सदी का माध्यम भी कहा जा सकता है। 1991 में डब्ल्यू रसेल न्यूमन (द फ्यूचर ऑफ मास ऑडियंस, 1991) ने कहा था कि हम ऑडियो, वीडियो और इलेक्ट्रॉनिक टेक्स्ट के सार्वभौमिक अन्तर्सम्बन्धित नेटवर्क का विकास होता देख रहे हैं जो अन्तर्वैयक्तिक और जन-संचार तथा सार्वजनिक और निजी संवाद के बीच के अन्तर को धुँधला कर देगा। न्यूमन ने 20 साल

पहले जो भविष्यवाणियाँ न्यू मीडिया को लेकर की थीं, वे आज सच हो गई हैं कि नए संचार माध्यम–

– भौगोलिक दूरी का अर्थ बदल देंगे।
– संचार के परिमाण में बेतहाशा बढ़ोतरी की गुंजाइश बनाएँगे।
– संचार की रफ्तार बढ़ाने के अवसर दिलाएँगे।
– संचार के पूर्ववर्ती विविध रूपों को आपस में जोड़ने और उनके एक-दूसरे के क्षेत्रों में प्रवेश को सम्भव बनाएँगे।

सबसे ज्यादा दिलचस्प बात यह है कि अब यह औजार आम आदमी के वैयक्तिक या सामुदायिक इस्तेमाल के लिए भी उतना ही सुलभ है, जितना किसी संस्थान के लिए। यह निजी इस्तेमाल के लिए भी है और व्यावसायिक इस्तेमाल के लिए भी। इंटरनेट और कम्प्यूटर के आगमन से अचानक कई नए संचार साधनों का अवतरण हुआ है। जन-संचार के माध्यम के रूप में ये साधन दूर तक पहुँचने लगे हैं।

नए माध्यमों का असर लोगों और समाज पर बड़ा गहरा और व्यापक है। यह व्यक्तियों के लिए बेरोक अभिव्यक्ति का साधन है, तो अपनी पहुँच और प्रकृति की वजह से समाज में किसी विषय के पक्ष या विपक्ष में जनमत बनाने, जनमत को प्रभावित करने, किसी पक्ष की ओर उन्हें मोड़ने का भी महत्त्वपूर्ण जरिया है। यह इंटरैक्टिव माध्यम है, और सन्देशों के विविध रूपों को समेकित करने की सुविधा के साथ है–यानी इससे अक्षर, चित्र और आवाज को एक साथ इस्तेमाल कर अपने सन्देशों को भरपूर असरदार बनाया जा सकता है। सर्च इंजनों की उपलब्धता और असीमित आँकड़ों और सूचनाओं की सहज मौजूदगी के कारण इन माध्यमों से प्राप्त जानकारी समृद्ध होती है। सूचनाएँ लम्बे समय तक यथावत्, यथास्थान मौजूद रहती हैं, जिसे कोई अधिकृत व्यक्ति किसी भी समय पा सकता है, क्योंकि विशुद्ध रूप से तकनीक पर आधारित ये माध्यम समय और स्थान निरपेक्ष हैं। इसमें सन्देशों को जस-का-तस संरक्षित किया जा सकता है जिनकी संख्या और आकार वास्तव में असीम हो सकते हैं। एक साथ, एक ही सन्देश को अनगिनत लोगों तक पहुँचाने का काम सिर्फ नए माध्यम ही कर सकते हैं।

नए माध्यम में हर व्यक्ति को अभिव्यक्ति की पूरी आजादी है। किसी को अपनी बात आगे बढ़ाने के लिए अखबार, प्रेस, रेडियो, टीवी के सम्पादकों पर निर्भर रहने, स्थान-समय की सीमा से बँधने की जरूरत नहीं। अभिव्यक्ति की स्वतंत्रता का इससे बेहतर मौका और कौन सा था? और बड़ी बात यह भी है कि इन माध्यमों में अभिव्यक्ति की और जानने यानी सूचना की आजादी सभी

को एक बराबर है, जो भी इस तक पहुँच पाता है। समानता और सूचना तथा अभिव्यक्ति की स्वतंत्रता ही लोकतंत्र का आधार हैं। 'साइबर लोकतंत्र' जैसे शब्द इसी दौर में पर गढ़े जा रहे हैं। लोकतंत्र की जीवन्तता का स्वाद लोग पाने लगे हैं। इसी इंटरनेट पर सोशल नेटवर्किंग साइट्स ने पहले ट्यूनीशिया और फिर मिस्र में लोगों को अनचाहे शासन के खिलाफ एकजुट किया और हजारों लोग इकट्ठे होकर सत्ता पलटकर लोकतंत्र लाने में जुट गए। इसका असर इंटरनेट के जरिए पूरे अरब विश्व की जनता पर पड़ा और बदलाव की इच्छा ट्यूनीशिया और मिस्र से शुरू होकर कई देशों में एक तरंग की तरह सब तरफ फैली। लोगों का समुद्र लगभग एक साथ लोकतंत्र की माँग के साथ सड़कों पर उतर आया। ट्यूनीशिया के लिए इसे एक सटीक नाम दिया गया—जास्मीन रिवोल्यूशन, जो अरब देशों में फैलकर अरब स्प्रिंग कहलाया। लीबिया में भी पारम्परिक मीडिया पैठ न बना सका, लेकिन नए मीडिया साधनों, जैसे—ब्लॉग, ट्विटर, फेसबुक, यू-ट्यूब के जरिए वहाँ की घटनाओं की पल-पल की खबर दुनिया देखती रही। नौबत यहाँ तक आ गई कि जनरल गद्दाफी की सरकार ने पूरे देश में इंटरनेट की सुविधा बन्द कर दी। फिर भी सेटेलाइट कनेक्शन के जरिए लोगों को खबरें मिलती रहीं।

जो पारम्परिक मीडिया पंडित यह मान बैठे थे कि इंटरनेट के नए मीडिया की पैठ और असर कभी भी अखबार या टीवी जितनी नहीं हो सकते, उनकी खुशफहमी अब टूटने लगी है। जो स्वर पहले नए मीडिया को नामंजूर करने के लिए उठ रहे थे, अब वे उसे समझने के लिए सवाल पूछ रहे हैं। जो लोग नए मीडिया को खाए-पिए-अघाए, प्रतिक्रियावादी, उपभोक्तावादी 'साइबर नागरिकों' का शगल कहते थे वे अपनी इस राय पर दोबारा सोच रहे हैं। कल तक नए मीडिया को नामंजूर करने वाला पारम्परिक मीडिया भी अब नए मीडिया से कंटेंट ले रहा है, यहाँ तक कि उसकी मौजूदगी को महत्त्वपूर्ण खबर बना रहा है। ब्लॉग पोस्ट करने या घटनाओं को रिकॉर्ड करने वाले किसी भी दर्शक का मोबाइल फोन जैसा छोटा उपकरण अब समाचार-पत्रों और चैनलों का स्रोत बन रहा है। यानी ये नए माध्यम अभिव्यक्ति के मंच को मजबूत करने का आधार बन रहे हैं। लेकिन क्या सचमुच?

डिजिटल कमियाँ

इसका जवाब हमेशा हाँ में हो, यह दरअसल नहीं हो सकता। नए माध्यमों का चमत्कारी असर समाज में सिर चढ़कर बोल रहा है और लगातार बढ़ता जा रहा

है। इसकी अपेक्षा से कहीं अधिक उपयोगिता को देखते हुए किसी ने इसे मुक्ति का रास्ता कहा तो किसी ने अभिव्यक्ति के सर्वोत्तम साधन का दर्जा दिया। यहाँ तक कि किसी के लिए यही अभिव्यक्ति का कारण भी है। इसके नएपन में कई तरह की आशाएँ जुड़ीं तो कुछ भ्रम भी टूटे। पत्रकारों के लिए यह खबरों को ज्यादा लोगों तक पहुँचाने का जरिया है, तो संचार संस्थानों के मालिकान के लिए अपने बाजार और अन्ततः सम्पत्ति को बढ़ाने का जरिया। किसी के लिए यह एक जटिल तकनीकी उलझन है, जिसके अभाव में जीवन बेहतर था, तो किसी की नजर में प्रभुवर्ग के हाथ एक और औजार, जिससे वह दमित वर्ग पर अपना असर और बढ़ा सके।

भारत में अन्य विकासशील देशों की तरह ही यह तकनीक देर से, अपनी विकसित अवस्था में ही पहुँची। देशों के बीच डिजिटल डिवाइड के सकारात्मक पक्ष को देखें तो हमें इस्तेमाल के लिए तैयार तकनीक मिली, जिसके विकास और बदलाव की जद्दोजहद से हमें ज्यादा नहीं गुजरना पड़ा। लेकिन इसका एक नुकसान यह भी रहा कि विकसित देशों में पुरानी हो चुकी, त्याग दी गई तकनीक हमारे हाथ लगी। उन्हीं की जरूरतों और आदतों के आधार पर विकसित और मानकीकृत तकनीक और उपकरण हमें अपनाने पड़े, जिनमें अपने देश और जन की जरूरतों के अनुसार बदलाव की गुंजाइश कम ही रही। हमारे देश में कई क्षेत्रीय भाषाएँ हैं। देसी भाषाएँ बोलने और अपनी भाषा में ही काम करना पसन्द करने वालों के लिए विदेशों में बनी, अंग्रेजी भाषा के उपयुक्त कम्प्यूटर तकनीक में इस सुधार की सख्त जरूरत है। हमारे देश में इंटरनेट या कम्प्यूटर के इस्तेमाल में अंग्रेजी भाषा एक बड़ा रोड़ा बनी हुई है। उस पर, आयातित तकनीक पर, बड़े संस्थानों द्वारा अपनी-अपनी सुविधा के अनुसार भारतीय भाषाओं के पैबन्द के तौर पर विविध गैर-यूनिकोड फॉण्टों का मनमाना चलन कोढ़ में खाज की तरह जम गया है। हालाँकि इंटरनेट के बढ़ते इस्तेमाल ने सभी नए माध्यमों के लिए मानक सामान्य फॉण्ट की जरूरत पैदा कर दी और इस जरूरत को किसी तरह पूरा करने में यूनिकोड सबसे ज्यादा सक्षम साबित हुआ। इससे हिन्दी और कुछ अन्य भारतीय भाषाओं में कम्प्यूटरी का काम किसी तरह चल रहा है, पर इसमें भी अभी सुधार-संशोधन की बहुत गुंजाइश है।

दूसरी तरफ, उन विदेशी उत्पादकों के लिए हम एकदम तैयार, खाली और विशाल बाजार हैं, जिसे वे अपने उत्पादों और सेवाओं से लम्बे समय तक भरते रह सकते हैं, मुनाफा कमाते रह सकते हैं। पहले तकनीक शहरी, समृद्ध लोगों की पहुँच में आती है, जो संख्या में कम, लेकिन प्रभाव में कहीं ज्यादा हैं। साथ

ही, जीवन-पद्धति में तकनीक के इस्तेमाल के लिए ज्यादा उपयुक्त भी। वे अंग्रेजी में बेहतर प्रशिक्षित हैं, इसलिए उस आयातित और प्रभुवर्ग द्वारा अपना ली गई भाषा में आयातित तकनीक का पूरा इस्तेमाल कर पाते हैं। इस सुविधा का इस्तेमाल करके वे इससे वंचित अपने देशवासियों से ताकत और समृद्धि में और भी आगे बढ़ जाते हैं। समर्थों और वंचितों के बीच का अन्तर और बढ़ जाता है। डिजिटल तकनीक इस अन्तर को बढ़ाने का काम भी कर रही है।

नए माध्यमों तक पहुँचने और उसका इस्तेमाल कर पाने वाले मुट्ठी-भर हैं। जिन्हें सूचना पाने और अपनी बात सबके सामने ला पाने के लिए इसकी ज्यादा जरूरत है, वे संख्या बल में मजबूत होने के बावजूद हाशिए पर ही हैं। इस सूचना समाज में जो पिछड़ गए, वंचित रह गए, वे इस समाज के लिए और ज्यादा अनुपयुक्त होते गए। वे साधन पा जाएँ तो भी तकनीक में, जानकारी में पिछड़े हैं, इसलिए अपनी अभिव्यक्ति की आजादी का पूरा इस्तेमाल नहीं कर पाएँगे।

फिर भी बहुत उम्मीदें हैं। इंटरनेट का फैलाव लगातार बढ़ता जा रहा है। कम्प्यूटर से आगे अब लोग अपने मोबाइल पर इंटरनेट पाने लगे हैं और मोबाइल उनके लिए रोजी-रोटी जुगाड़ने का एक जरिया हो गया है, जरूरत हो गया है। स्मार्ट फोन, टैबलेट जैसे छोटे उपकरण कम्प्यूटर जैसी बड़ी, समृद्ध, सुसज्जित, भारी, महँगी मशीन का विकल्प बन रहे हैं और नए माध्यमों की और उन तक आम आदमी की पहुँच के रास्ते की कमियों को भरने में लगे हैं। यानी नए मीडिया की पहुँच की समस्या के समाधान निकल रहे हैं। इस कमी की स्थिति के उलट, नए मीडिया में प्रकाशकों की बेहिसाब संख्या और उसी हिसाब से प्रकाशित सामग्री की अति भी एक समस्या है। नए मीडिया के ज्यादातर प्रकाशक न पत्रकार हैं और न ही कुशल लेखक या विद्वान विचारक जो बेहतरीन सामग्री पाठक को दे पाएँ। इसलिए वे कम गुणवत्ता वाली सामग्री ही ज्यादा उत्पादित कर रहे हैं। इसमें से अपने लिए बेहतर सामग्री खोजकर उसे पढ़-देख पाना पाठक के लिए एक नियमित कवायद हो गई है। हालाँकि इसका भी तोड़ विविध सर्च इंजनों के रूप में सामने है। सामग्री के अतिरेक का एक नुकसान यह भी है कि किसी प्रकाशक की बेहतरीन सामग्री भी इस ढेर में कई बार खो जाती है, पाठकों तक पूरी तरह नहीं पहुँच पाती।

तकनीक ने व्यक्ति को औजार दिए हैं इस्तेमाल के लिए। पर ये औजार बन्दर के हाथ का उस्तरा बनें या किसी माहिर कारीगर का छेनी-हथौड़ा, यह तय होता है उसे इस्तेमाल करने वाले की मंशा और इस्तेमाल के तरीके से।

न्यू मीडिया व नागर पत्रकारिता : अनाहूत क्रान्ति

पृथ्वी परिहार

आओ क्रान्ति बलाएँ ले लूँ
अनाहूत आ गई भली
वास करो मेरे घर-आँगन
विचरो मेरी गली-गली।

ऑनलाइन पत्रकारिता कर रहे संगठन प्रोपब्लिका को 2011 में फिर बेहतरीन खोजी पत्रकारिता के लिए पुलित्जर पुरस्कार दिया गया। विकीलीक्स के कतिपय खुलासों के दूरगामी असर से इनकार नहीं किया जा सकता जबकि 'टाइम' पत्रिका ने 2010 में फेसबुक के संस्थापक मार्क जकरबर्ग को 'पर्सन ऑफ द ईयर' माना था। इसी तरह हाल ही में कई देशों में जनपक्षीय सत्ता परिवर्तनों में ट्विटर जैसी साइटों ने बड़ी भूमिका निभाई और उनके योगदान को सभी ने सलाम किया। बीबीसी ने विशेष विभाग बनाया है जो सिटिजन जर्नलिज्म को बढ़ावा देता है और उसके जरिए मिलने वाले समाचारों, फोटो, वीडियो के इस्तेमाल का फैसला करता है। इसी तरह इंटरनेट कम्पनी एओएल ने ऑनलाइन समाचार पोर्टल 'हफिंग्टन पोस्ट' को 31.5 करोड़ डॉलर में खरीदने का सौदा कर हलचल मचा दी। यही हैं ऑनलाइन, न्यू मीडिया या सोशल मीडिया की हाल की उपलब्धियाँ! न्यूज मीडिया जो सोशल नेटवर्किंग, ब्लॉगिंग, वेबलॉगिंग, सिटिजन जर्नलिज्म के विभिन्न रूपों में सामने आ रहा है, स्थापित हो रहा है। दरअसल दुनिया-भर के कम्प्यूटरों को आपस में जोड़ने की तकनीक इंटरनेट से पत्रकारिता में एक क्रान्ति घटित हुई है। बीते दस साल में इंटरनेट के बढ़ते इस्तेमाल ने पत्रकारिता की दिशा व दशा बदल दी है। पत्रकारिता की जंग खाती मान्यताओं-परम्पराओं पर इतनी गम्भीर और गहरी चोट इससे पहले कभी नहीं हुई थी। यह नई तरह की पत्रकारिता इतने कम समय में न सिर्फ स्थापित हुई बल्कि इसने पत्रकारिता के परम्परागत 'मठों' को मजबूर कर दिया

है कि वे उसे स्वीकारें, अंगीकार करें। पुलित्जर पुरस्कारों के प्रशासक सिग गिसलेर का मानना है कि ऑनलाइन मीडिया आने वाले समय में पारम्परिक मीडिया को कड़ी चुनौती देगा। यानी यह पत्रकारिता में बदलाव की बयार है जो बहुत कुछ बदल देगी और भविष्य में जब कभी मीडिया का इतिहास लिखा जाएगा तो इस माध्यम और इस दौर का जिक्र अवश्य क्रान्तिकारी घटना के रूप में दर्ज होगा।

नए मीडिया को लेकर इस भरोसे के कई कारण हैं। नए तरह के (सोशल) मीडिया ने पत्रकारिता के अनेक मिथकों को तोड़ा है। अब तो कोई भी पत्रकारिता कर रहा है। सोशल साइटें सूचनाओं का नया माध्यम बनी हैं तो मोबाइल फोन संवाद सम्प्रेषण के चलते-फिरते स्कूल हो गए हैं। एल्विन टफलर ने कहा था कि सूचना ही ताकत है। अगर है, तो अब यह आम लोगों के हाथ में है। ऐसे-ऐसे रंगरूटों के हाथ में है जिन्होंने भले ही पत्रकारिता का क ख ग नहीं पढ़ा हो लेकिन वे सूचना प्रौद्योगिकी के घोड़ों पर सवार हो परम्परागत पत्रकारिता के महारथियों को पछाड़ रहे हैं। तो सूचनाओं पर कतिपय पत्रकारों या मीडिया संस्थानों की 'दरबान' वाली भूमिका अब समाप्त हो गई है। वे सूचनाएँ बाँटने को मजबूर हैं। धीरे-धीरे सोशल मीडिया की ओर आ रहे हैं। न्यू मीडिया की पहुँच अद्भुत है। यह अधिक लोकतांत्रिक है। इसमें टीका-टिप्पणी, सन्देह, सुझाव के लिए अधिक स्पेस है। यह सस्ता और आम आदमी की पहुँच के भीतर हो रहा है। पर, बड़ाई की इन सारी बातों से हटकर देखें तो सोशल मीडिया के प्रचार-प्रसार ने पत्रकारिता से जुड़े कुछ बुनियादी सवाल भी नए सिरे से खड़े किए हैं। पत्रकारिता क्या है। पत्रकार कौन है, विश्वसनीयता, साख वगैरह-वगैरह। निश्चित रूप से नए मीडिया को इन कसौटियों पर खरा उतरना होगा, तभी यह तय हो पाएगा कि भविष्य की पत्रकारिता की राह कहाँ से निकलेगी और उसमें न्यू मीडिया कहाँ फिट होगा। न्यू मीडिया की बात करते समय हमें कम्प्यूटर साक्षरता, इंटरनेट पहुँच, सॉफ्टवेयर उपलब्धता, हार्डवेयर लागत जैसे सवालों की पड़ताल भी करनी होगी, क्योंकि भारतीय सन्दर्भ में ये सवाल और भी गहरे व चुनौतीपूर्ण हैं। हमारे यहाँ इंटरनेट की पहुँच बहुत कुछ महानगरों—बड़े शहरों, एक तबके तक सीमित है जिसमें आमतौर पर नई पीढ़ी का आईटी से लगाव रखने वाला वर्ग है। दूर-दराज के इलाकों में इंटरनेट की पहुँच नहीं होना, महँगे हार्डवेयर, खराब नेटवर्क, कम्प्यूटर ज्ञान का अभाव, बड़ी नहीं बहुत बड़ी चुनौती है। हाँ, अगर इसे अवसर के रूप में लिया जाए तो यहाँ सम्भावनाओं के नए क्षितिज

बनते दिखेंगे। यह देखना होगा कि आने वाले दस साल में इस दिशा में क्या कदम उठाए जाते हैं।

बात की बात कि अमेरिका के पुलिस विभाग ने कभी गैर-परम्परागत या प्रतिष्ठित संस्थानों से न जुड़े पत्रकारों को अपने कार्यक्रमों के कवरेज के लिए पास जारी करने से इनकार कर दिया था लेकिन अब वहीं की सरकार ने कथित निरंकुश शासन वाले देशों में राजनीतिक विरोधियों को इंटरनेट की आजादी हासिल करने के लिए ढाई करोड़ डॉलर की मदद दी। भारतीय अखबार ब्लॉग से सामग्री लेकर प्रमुखता से छापने लगे हैं। कई प्रमुख अखबारों में स्वतंत्र ब्लॉगरों के ब्लॉग पर आधारित नियमित कॉलम हैं। टीवी पर सिटिजन जर्नलिज्म को वरीयता दी जा रही है।

क्या इसे बदलाव का एक संकेत माना जाए?

सोशल नेटवर्किंग की बारहखड़ी

न्यू मीडिया से होने वाली पत्रकारिता को समझने के लिए पहले हमें समझना होगा कि सोशल नेटवर्किंग आखिर बला क्या है! दरअसल, सोशल नेटवर्किंग एक तरह से दुनिया के विभिन्न कोनों में बैठे उन लोगों से संवाद है जिनके पास इंटरनेट की सुविधा है। इंटरनेट की यह सुविधा कम्प्यूटर, लैपटॉप, टैब व मोबाइल में से किसी भी एक उपकरण के जरिए ली जा सकती है। याहू मेल, जी-मेल, हॉटमेल या जीएमएक्सम जैसी परम्परागत ई-मेल सुविधाप्रदाता वेबसाइटों के साथ-साथ इस नेटवर्किंग में बड़ी भूमिका फेसबुक, ट्विटर जैसी साइटों की है जिन्हें सोशल नेटवर्किंग साइटें कहा जाता है। इनमें लोग दूसरी जगह बैठे व्यक्ति से इंटरनेट के माध्यम से अपने जीवन के विभिन्न पहलुओं/सूचनाओं को साझा करते हैं। अपने जीवन, इससे जुड़ी घटनाओं, देश-दुनिया के समाचारों के बारे में नवीनतम जानकारी (स्टेटस) देना, फोटो या वीडियो शेयर करना सभी इसमें आता है। इनके जरिए उपयोक्ता वह सब जानकारी बाहरी दुनिया में पहुँचा सकता है जो वह चाहे। सबसे बड़ी खूबी इन माध्यमों या साइटों की पहुँच है। एक ही स्टेटस अपडेट (सूचना) के जरिए उपयोक्ता हजारो-हजार लोगों तक एक साथ अपनी बात पहुँचा सकता है। अब तो यह वेबसाइटें सामान्य सम्पर्क, संवाद या मनोरंजन से इतर नौकरी आदि ढूँढ़ने, उत्पादों या लेखन के प्रचार-प्रसार में भी काम आ रही हैं।

यह क्रान्ति बस दसेक साल में घटित हुई है। सारा मामला 2000 के बाद यानी इक्कीसवीं सदी का ही है। शुरुआती सोशल नेटवर्किंग साइट फ्रेंडस्टर 2002 में आई थी और ट्राइब 2003 में शुरू हुई। लिंक्डइन व माइस्पेस 2003 में आईं और माइस्पेस को इस लिहाज से सफल पहल कहा जा सकता है। फेसबुक की शुरुआत फरवरी 2004 में हुई और इसने क्रान्ति कर दी। जुलाई 2010 में इसके पंजीबद्ध उपयोक्ता 50 करोड़ हो गए। जी-मेल की बहुप्रचारित 'गूगल बज' सेवा फरवरी 2010 में शुरू हुई जबकि निंग भी 2004 से काम कर रही है। समाचार संगठनों ने इससे थोड़ा पहले 1990 के दशक के मध्य सोशल नेटवर्किंग का स्वाद चखा। लेकिन असली खेल तो मानो 2005 के बाद हुआ। वर्ष 2008 आते-आते अमेरिका में 35 प्रतिशत वयस्क इंटरनेट उपयोक्ताओं ने किसी-न-किसी सोशल नेटवर्किंग साइट पर अपनी प्रोफाइल बना ली थी और 18-24 साल आयुवर्ग में तो यह आँकड़ा 75 प्रतिशत तक पहुँच गया। ट्विटर ने अपने शुरुआती पाँच साल में ही 20 करोड़ से अधिक उपयोक्ताओं को जोड़ा और अनेक सेलिब्रिटी की पसन्दीदा व्याक्तिगत साइट बन गई।

न्यू मीडिया को कुछ इस तरह बाँटकर देखा जा सकता है—ब्लॉगिंग जिसका मंच ब्लॉगर्स, विंबले, वर्डप्रेस जैसी साइटें उपलब्ध कराती हैं। फेसबुक, बज (जी-मेल), गूगल, आरकुट, ग्रुपऑन, जिंगा, लिंक्डइन जैसे पोर्टल को समर्पित सोशल नेटवर्किंग साइटों की श्रेणी में रखा जा सकता है। वीडियो ब्लॉगिंग में माइस्पेस, यू-ट्यूब, मेटाकैफे हैं। मोबाइल एसएमएस भी इसका ही एक हिस्सा है।

वैसे इस ऑनलाइन पत्रकारिता की शुरुआत ब्लॉगिंग से हुई। ब्लॉगिंग यानी इंटरनेट पर व्यक्ति विशेष की निजी डायरी (ब्लॉग)। डायरी के पन्ने। यह फेसबुक जैसी साइटों से थोड़ा अलग है। इसमें मुख्यतः लेखन, फोटो या वीडियो शेयरिंग पर ध्यान रहता है यानी इस पर समाचार, आलेख विस्तार से दिए जा सकते हैं। फोटो एलबम बनाए जा सकते हैं और वीडियो भी डाले जा सकते हैं। यह ऑनलाइन पत्रिका जैसा मामला है। ब्लॉगस्पाट से लेकर वर्डप्रेस तक, अनेक साइटें निःशुल्क ब्लॉगिंग की सुविधा दे रही हैं। वर्डप्रेस पर अगर 3.84 लाख से अधिक ब्लॉगर एक दिन लगभग सवा तीन लाख नए आलेख लिखते हैं और उन पर उससे भी ज्यादा टिप्पणियाँ आती हैं तो ब्लॉगिंग के बढ़ते प्रभाव को समझा जा सकता है। जून 1993 में केवल 130 वेबसाइट थीं, लेकिन एक अनुमान के अनुसार इस समय इंटरनेट पर 20 करोड़ वेबसाइट हैं जिनकी गिनती

हर पल सैकड़ों के हिसाब से बढ़ रही है। आरकुट, फेसबुक व ट्विटर जैसी साइटों ने सोशल नेटवर्किंग को नई दिशा दी है।

पत्रकारिता की राह

तो इंटरनेट के जरिए बनी इस आभासी दुनिया को ही सोशल नेटवर्किंग कहा जाता है। एक तरह से यह दूसरे लोगों, स्थानों या घटनाओं के बारे में जानने का माध्यम है। इसी माध्यम में जब उपयोक्ता व्यक्तिगत अपेक्षाओं से ऊपर उठ देश-काल की बात करने लगता है तो यह सिटिजन जर्नलिज्म या नागर पत्रकारिता का रूप ले लेती है। नागर पत्रकारिता यानी आम आदमी की पत्रकारिता, आम आदमी द्वारा दी जा रही सूचनाएँ, जानकारी जिसे पत्रकारिता की श्रेणी में रखा जा सकता हो। इस माध्यम का उपयोग कर कोई भी अपनी सूचनाएँ, समाचार और विचार दुनिया के सामने रख सकता है। आम आदमी की समाचार और विश्लेषण में भागीदारी ही असल में नागर पत्रकारिता है। इंटरनेट, कम्प्यूटर तक पहुँच रखने वाला कोई भी व्यक्ति अपनी वेबसाइट और ब्लॉग बनाकर सूचनाओं, समाचारों और विचारों को बाँट सकता है, यही नागर पत्रकारिता है। वेब पर नागर पत्रकारिता का महत्त्व बढ़ता जा रहा है। अमेरिका में 1988 में राष्ट्रपति चुनाव के समय यह पत्रकारिता अस्तित्व में आई। दक्षिण कोरिया में ओहमाई न्यूज सबसे ज्यादा पढ़ा और देखा जाने वाला ब्लॉग बना और इस विधा ने जोर पकड़ा। यहाँ से यह अवधारणा सामने आई कि हर एक नागरिक रिपोर्टर है। इसी तरह थीमपार्कइनसाइडर डॉट कॉम ने अपने पाठकों द्वारा लिखे गए लेख पर पत्रकारिता अवार्ड जीता। इसका दूसरा रूप विकीलीक्स और प्रोपब्लिका के रूप में सामने आ रहा है। भारत में अभी इस तरह की पत्रकारिता छोटे स्तर पर है। प्रिंट में सम्पादक के नाम पाठकों के जो पत्र आते हैं उन्हें भी किसी हद तक नागर पत्रकारिता की श्रेणी में रखा जा सकता है। लेकिन अब लोग ब्लॉग बनाकर अपने इलाकों और पसन्दीदा विषयों पर जानकारी का आदान-प्रदान करने लगे हैं। देश में तेजी से बढ़ रहा कम्प्यूटरीकरण और ब्रॉडबैंड सेवा वेब पत्रकारिता को बढ़ा रहे हैं।

समाचार संगठनों ने सोशल नेटवर्किंग का उपयोग और अधिक तथा नए वर्ग तक पहुँच बनाने के लिए शुरू किया। पत्रकार इसके जरिए अपनी खबरें और अधिक लोगों तक पहुँचा सकते हैं और अब तो यह खबरों का बड़ा स्रोत बनता जा रहा है। पश्चिमी देशों में समाचार संगठन, पत्रकार अपनी खबरों के

स्रोत तक इस माध्यम पर ढूँढ़ने लगे हैं। किसी घटना विशेष पर टिप्पणी, सुझाव के लिए वे सोशल नेटवर्किंग साइट पर सूचनाएँ माँगते हैं, देते हैं। विभिन्न क्षेत्रों की हस्तियों के ब्लॉग, फेसबुक, ट्विटर सन्देशों की टिप्पणियों से भी समाचार बनने लगे हैं।

बुनियादी सिद्धान्तों की कसौटी

सोशल नेटवर्किंग के जरिए पत्रकारिता की बात करते समय हमें यह भी ध्यान में रखना होगा कि पत्रकारिता के कुछ बुनियादी सिद्धान्त हैं जिनकी अनदेखी नहीं होनी चाहिए। हर कोई अपने दायरे से बाहर की घटनाओं या सूचनाओं के बारे में जानना चाहता है। यह सहज मानवीय प्रवृत्ति है और इसी जिज्ञासा से पत्रकारिता की नाड़ बँधी है। एक वर्ग रहा जो पाठक, श्रोता या दर्शक बना और कुछ लोग उसकी सूचनाओं-समाचारों की क्षुधा को मिटाने के काम में लगे। वे पत्रकार हो गए। पत्रकारों तथा पत्रकारीय संस्थानों का अलग रुतबा बना। किन्हीं संस्थानों से प्रशिक्षण लेकर या लम्बे दुनियावी अनुभवों से सीखकर लोग पत्रकार होते रहे हैं। लेकिन पत्रकारिता के कुछ मूल उद्देश्यों-नियमों का हमेशा ध्यान रखा गया और जब सोशल नेटवर्किंग या नागर पत्रकारिता पारम्परिक पत्रकारिता के मानदंडों पर चोट कर रही है तो हमें परिभाषा के दायरे से हटकर पत्रकारिता के स्वरूप, उद्देश्यों पर भी चर्चा करनी होगी। हमें पत्रकारिता क्या है, पत्रकार कौन है—जैसे सवालों पर भी गौर करना होगा।

एलन गुडमेन के अनुसार, पत्रकारों का काम लोगों को दुनिया-भर की घटनाओं की जानकारी देना है। पत्रकारिता को इतिहास की कच्ची कॉपी कहते हैं या जल्दबाजी में लिखा गया साहित्य। अमेरिका में कमिटी ऑफ कंसर्न्ड जर्नलिस्ट्स (सीसीजे) ने पत्रकारिता के सारतत्त्व पर व्यापक विचार-विमर्श और अध्ययन के बाद एक उद्देश्य पत्र जारी किया था। इसमें निष्कर्ष निकाला गया कि पत्रकारिता का मूल या केन्द्रीय उद्देश्य नागरिकों को सटीक तथा विश्वसनीय सूचना उपलब्ध कराना है। इसके अनुसार, पत्रकारिता किसी सच को व्यावहारिक दृष्टिकोण से सामने रखती है। पत्रकारों की पहली जवाबदेही नागरिकों या समाज के प्रति होती है। पत्रकारिता का मूल तत्त्व सत्यापन है। पत्रकार की सोच और समझ स्वतंत्र होती है/होनी चाहिए। वह सत्ता शक्ति पर स्वतंत्र निगरानीकर्ता के रूप में काम करता है। पत्रकारिता पाठकों की प्रतिक्रिया, सुझाव व आपत्तियों के लिए मंच प्रदान करती है। यह प्रासंगिक और रुचिकर

होनी चाहिए। कुल मिलाकर पत्रकारों की पहली प्रतिबद्धता पाठक के प्रति होनी चाहिए न कि विज्ञापनदाता या कम्पनी के शेयरधारकों के। पत्रकार चाहे किसी भी क्षेत्र या वर्ग का हो, वह कुछ साझा मूल्यों पर काम करता है जिनमें सटीकता, सन्तुलन तथा निष्पक्षता शामिल हैं। यह आदर्श पत्रकारिता से की जाने वाली अपेक्षाएँ हैं।

अब सवाल कि आज के दौर में पत्रकार कौन है। कोलम्बिया जर्नलिज्म रिव्यूज की एन कूपर, स्कॉट गेंट की एक किताब के हवाले से इसका सरल व रोचक जवाब यूँ देती हैं—हम सभी पत्रकार बन सकते हैं, जब भी हम चाहें। गेंट की एक बात जोरदार है कि पत्रकारिता की आजादी अब केवल उन लोगों तक सीमित नहीं रह गई है जिनकी प्रिंटिंग प्रेसें (अब टीवी चैनल) हैं बल्कि उन सभी से सम्बद्ध है जिनके पास दुनिया में समाचार आदि भेजने के लिए सेलफोन, कैमरे, ब्लॉग, सोशल नेटवर्किंग साइट आदि की सुविधा है। यानी अब पत्रकार होने के लिए किसी छोटे-बड़े संस्थान, अखबार या टीवी चैनल से जुड़ा होना जरूरी नहीं रह गया है। अगर आप में जरा सी भी पत्रकारीय ललक है तो आप पत्रकार हो सकते हैं। सबसे बड़ी बात, पत्रकारिता अब किसी की विशेषज्ञता, विशेषाधिकार नहीं रह गई है। इसने खास से आम तक का सफर तय किया है। ऑनलाइन पत्रकारिता नागर पत्रकारिता या ब्लॉगिंग आदि न्यू मीडिया से एक बदलाव यह आया है कि अब संवाद सम्प्रेषण/विचार प्रेषण के लिए खुला मैदान है जहाँ कोई भी अपनी महारत साबित कर सकता है। पत्रकार कौन है वाला सवाल गौण हो गया है। अब यह मायने रखता है कि ऑनलाइन या ब्लॉगिंग के जरिए कैसी पत्रकारिता हो रही है। इसकी दशा व दिशा क्या है!

यहाँ उस बहस पर भी एक निगाह डाली जा सकती है कि ब्लॉगिंग को पत्रकारिता माना भी जाए या नहीं। जैसे-जैसे ब्लॉगिंग ने जोर पकड़ा, परम्परागत पत्रकारों का एक वर्ग इसके खिलाफ खड़ा हो गया। कहने लगा, यह भी कोई पत्रकारिता है। जिसने पत्रकारिता के बारे में पढ़ा नहीं, जिसने किसी स्थापित पत्रकारिता संस्थान में काम नहीं किया, कलमघिसाई नहीं की, वह कैसे पत्रकार होने का दावा कर सकता है। पश्चिम में इस पर बड़ी बहस हुई और न्यूयॉर्क विश्वविद्यालय में पत्रकारिता के प्रोफेसर रहे जे रोसेन ने जनवरी 2005 में एक आलेख में 'ब्लॉगर्स पत्रकार बनाम पत्रकार' बहस के खत्म होने की घोषणा की। इसके बाद एओएल-हफिंग्टन पोस्ट के सौदे और कुछ हद तक प्रोपब्लिका को मिले पुलत्जिर ने इस पर ठप्पा लगा दिया यानी अब ब्लॉगिंग या ऑनलाइन पत्रकारिता कर रहे लोग भी पत्रकार हैं। उनकी अनदेखी नहीं की जा सकती।

रोसेन ने कहा था कि ब्लॉगर्स के पत्रकार होने या नहीं होने का सवाल मायने नहीं रखता, ब्लॉगिंग बहुत हद तक पत्रकारिता ही होती है। उसके बाद तो बहुत बदलाव आ चुका है, विशेषकर 2008 के वित्तीय संकट के बाद से। यह बदलाव इस रूप में भी देखा जा सकता है कि तमाम बड़े पत्रकार नियमित पत्रकारिता के साथ ब्लॉगिंग करने लगे हैं और वे जो ब्लॉग में लिखते हैं, वह कई बार अधिक मौलिक तथा सच्चाई के करीब होता है। कई बड़े समाचार या स्टोरी इसी तरह के अनधिकारिक पत्रकारों ने ब्रेक कीं। मिस्र, ट्यूनिशिया, लीबिया, सीरिया व ईरान आदि देशों में सूचनाओं के आदान-प्रदान में ट्विटर व फेसबुक जैसी साइटों ने बड़ी भूमिका निभाई। स्थिति यह है कि कई अखबारों ने अपने ऑनलाइन संस्करणों में अपने कर्मचारियों के लिए ब्लॉगस्पेस ही क्रिएट कर दिया है। सार यही है कि ब्लॉगिंग सहित सोशल मीडिया को पारम्परिक मीडिया से अलग करके नहीं देखा जा सकता और वह पत्रकारिता के मूल सिद्धान्तों पर बहुत कुछ खरा उतरता है।

पत्रकारिता पर असर

अब देखा जाए तो न्यू मीडिया ने पत्रकारिता करने के ढंग को तो बदल ही दिया है। इसके कई असर हैं। जैसा कि हम जिक्र कर रहे हैं कि सोशल मीडिया के इस दौर में आप सूचनाएँ ज्यादा दिन छुपाकर नहीं रख सकते। बड़े से बड़ा मीडिया घराना या सरकार ऐसा नहीं कर सकती। यानी मीडिया संस्थानों की दरबान वाली भूमिका अब समाप्त हो गई है। दुनिया-भर में विकीलीक्स तथा भारत में कई घटनाओं ने यह साबित कर दिया है। जैसे अब पत्रकारों, गैर-पत्रकारों या शोधार्थियों को सन्दर्भ या जानकारी के लिए दस्तावेजों की तलाश में भटकना नहीं पड़ता। विभिन्न माध्यमों से जानकारी ऑनलाइन प्राप्त हो रही है। सूचनाओं के स्रोत सत्यापन का काम सोशल नेटवर्किंग साइट पर हो जाता है। एक बड़ा बदलाव भागीदारी का है। जैसे बीबीसी के विश्व समाचार निदेशक पीटर हॉरॉक्स ने कहा–'जब मैंने बीबीसी में काम करना शुरू किया था तब श्रोताओं के साथ हमारा सम्बन्ध एकांगी-सा था। हम कार्यक्रम बनाया करते थे और फिर कुछ पत्रों की प्रतीक्षा किया करते थे, बस। लेकिन आज, श्रोता-पाठक हमारी सोच के केन्द्र में होते हैं। वे हमसे लगातार संवाद करते रहते हैं।' जब 'हफिंग्टन पोस्ट' की संस्थापक एरियाना ने एओएल के साथ सौदे की घोषणा की तो उस पर 24 घंटे में ही सात हजार से अधिक टिप्पणियाँ आईं

और सभी 'प्रकाशित' भी हुईं। पहले किस अखबार या पत्रिका में पाठकों की इस तरह की भागीदारी की कल्पना की जा सकती थी? यूनिवर्सिटी ऑफ ब्रिटिश कोलम्बिया में प्रोफेसर एल्फ्रेड हेरमिडा कहते हैं—सोशल मीडिया अपनी परिभाषा के रूप में बहुत ही सहभागी माध्यम है। सीएनएन ने आईरिपोर्ट्‌र्स मंच शुरू किया है। 'न्यूयॉर्क टाइम्स' में टाइम्स पीपल मंच है। स्काईन्यूज ने ट्विटर संवाददाता नियुक्त कर रखा है जो इस माइक्रो-ब्लॉगिंग साइट का अध्ययन-अनुसन्धान करता है। ऐसे अनेक उदाहरण हैं। बड़े-बड़े संस्थान भी ऐसा कर रहे हैं। भारत में हिन्दी के कई प्रमुख अखबारों ने व्यक्तिगत ब्लॉगों पर आधारित दैनिक कॉलम प्रमुखता से छापने शुरू किए हैं। ये आम लोगों के ब्लॉग होते हैं। टीवी/अखबार/पत्रिकाओं में पाठक/दर्शक की भूमिका पाठक मंच तक सीमित नहीं रह गई है। उनकी पूछ बढ़ी है। आज अगर 'हफिंग्टन पोस्ट' जैसा ब्लॉग भी 'वाशिंग्टन पोस्ट' का मुकाबला कर पा रहा है तो उसकी बड़ी वजह पत्रकारिता न होकर, पाठक हैं। यानी पाठकों की संख्या के लिहाज से वह 'वाशिंग्टन पोस्ट' की टक्कर में है। बड़ी बात कि कथित मुख्य पत्रकारिता में उनकी बातों को वजन दिया जाने लगा है। आप, हम, सब पत्रकारिता कर सकते हैं। ब्लॉगिंग, सिटिजन जर्नलिज्म, सोशल नेटवर्किंग जैसे कई तीर हमारे पास हैं जो पहुँच और प्रभाव के लिहाज से बेजोड़ हैं।

चुनौतियों की बाधा दौड़

सोशल नेटवर्किंग/ऑनलाइन पत्रकारिता की बढ़ती पहुँच और पहचान से कई तरह की चुनौतियाँ भी सामने आई हैं। इनमें से एक बड़ा संकट नियामकता का है। जैसे समाचार उद्योग के लिए कहा जा रहा है कि वहाँ सम्पादक का पद धीरे-धीरे गौण हो गया है, समाप्त ही हो चुका है पर ऑनलाइन पत्रकारिता में सम्पादक नाम की अवधारणा ही नहीं है। आपने लिखा, आपने छाप दिया। ब्लॉग या वेबसाइट पर या फेसबुक पर डॉक्यूमेंट के रूप में। अब टिप्पणियाँ/सुझाव आते रहेंगे। तो पत्रकारिता का एक बुनियादी तत्त्व 'ट्रस्ट बट वेरीफाई' यानी सत्यापन के बाद विश्वास वाला जो नियम था, वह चला गया। यह अच्छा संकेत नहीं है क्योंकि आजादी के साथ जवाबदेही भी आती है, जिम्मेदारी भी तय होती है। समाचारों, सूचनाओं, आलेखों के प्रकाशन से पहले उनकी जाँच-परख की जो परम्परा थी वह गायब हो गई। हुआ यह कि सूचनाओं के नाम पर 'कचरा' भी आने लगा। गम्भीरता गायब हो गई। पत्रकारिता में कहा

जाता है कि हर सूचना, खबर नहीं होती लेकिन हर खबर को कहीं न कहीं सूचनापरक होना चाहिए। सोशल मीडिया की पत्रकारिता के रूप में भूमिका में एक बड़ी कमी सत्यापन की कोई व्यवस्था नहीं होना है। इसका बड़ा उदाहरण ओसामा बिन लादेन की मृत्यु के समय देखने को मिला। दुनिया-भर के मीडिया ने एक ऐसी फोटो को ओसामा की फोटो के रूप में इस्तेमाल किया जो किसी और की थी और इंटरनेट पर किसी की कलाकारी का नमूना थी। किसी ने इसका सत्यापन करने की जहमत नहीं उठाई। इस रूप में इंटरनेट और ऐसी पत्रकारिता खतरनाक हो सकती है। ऐसे में जिम्मेदार बने रहना बड़ी चुनौती है। जैसा कि बीबीसी के वैश्विक समाचार निदेशक रिचर्ड सेमब्रुक ने कहा कि सूचना ही पत्रकारिता नहीं है। पत्रकारिता में अनुशासन, विश्लेषण, व्याख्या, सन्दर्भ भी आते हैं।

इसी तरह एक डिजिटल डिवाइड (सूचना संचार प्रौद्योगिकी तक पहुँच के स्तर पर विभाजन) की समस्या है। यानी इस सारी क्रान्ति के आधार/जड़ तक पहुँच में भारी विसंगति का मामला। इंटरनेट के हिसाब से दुनिया आज दो हिस्सों में बँटी हुई नजर आती है। इस डिजिटल डिवाइड के एक छोर पर हैं–अमेरिका, जापान, दक्षिण कोरिया और यूरोप के देश, जहाँ लोग इंटरनेट के राजमार्गों पर दौड़ रहे हैं। दूसरे सिरे पर हैं–अफ्रीका और एशिया के अधिकतर देश, जहाँ आबादी का एक बड़ा हिस्सा अभी इंटरनेट की पगडंडियों तक भी नहीं पहुँच पाया है। यानी एक तरफ तो 512 या अधिक एमबीपीएस क्षमता और असीमित डाउनलोड वाला इंटरनेट तो दूसरी ओर बहुसंख्य आबादी अभी इंटरनेट की दहलीज पर भी नहीं पहुँची है। जैसा कि अन्तर्राष्ट्रीय दूरसंचार यूनियन (आईटीयू) का कहना है कि इंटरनेट की क्रान्ति अब भी विकसित देशों तक सीमित है क्योंकि विकसित देशों में हर तीसरा व्यक्ति इंटरनेट से जुड़ा है वहीं विकासशील देशों में पाँच में से चार व्यक्ति अब भी इंटरनेट से दूर हैं। भारतीय सन्दर्भ में यहाँ मेपलक्राफ्ट के एक सर्वेक्षण का जिक्र भी किया जा सकता है। यह सर्वे कहता है कि डिजिटल समावेश यानी सूचना संचार प्रौद्योगिकी तक पहुँच/इस्तेमाल के लिहाज से भारत बहुत पीछे है। भारत को 186 देशों में 39वें स्थान पर रखा गया है और वह इस लिहाज से 'बहुत जोखिम भरे' देशों में आता है। सूची में सबसे ऊपर या 186वें नम्बर पर नीदरलैंड है। वहाँ लोगों की सूचना संचार प्रौद्योगिकी तक पहुँच सबसे अधिक है। सर्वे में कहा गया है कि भारी आर्थिक विकास के बावजूद ब्रिक देश (ब्राजील, रूस, भारत व चीन) डिजिटल समावेश सूचकांक में विकसित देशों से बहुत पीछे हैं। भारत के बारे में कहा

गया है कि सूचना संचार प्रौद्योगिकी की पहुँच विशेषकर शहरी क्षेत्र के मध्यम वर्ग तक सीमित है और जनसंख्या का बड़ा हिस्सा इस प्रक्रिया से अलग है।

एक तकनीकी परेशानी फॉण्ट की है। हिन्दी में फॉण्ट की दिक्कत बड़ी है। मंगल/यूनिकोड को छोड़ दें तो कोई एक ऐसा कॉमन फॉण्ट नहीं जो दुनिया-भर के या भारत-भर के ही सभी कम्प्यूटरों पर काम करे (लैपटॉप, टैबलेट, मोबाइल तो बाद की बात है)। इस दिशा में हुए प्रयास बहुत आधे-अधूरे हैं जबकि हिन्दी पढ़ने-लिखने वाले लोग कहीं ज्यादा हैं। 'इंटरनेट एंड मोबाइल एसोसिएशन ऑफ इंडिया' की एक रपट (2009) के अनुसार, देश के गाँवों की कुल साक्षर आबादी में से सिर्फ 17 फीसदी अंग्रेजी जानती है जबकि शहरों के साक्षरों में 37 फीसदी अंग्रेजी जानते हैं। शेष यानी शहरों की 63 फीसदी और गाँवों की 83 फीसदी साक्षर आबादी हिन्दी और दूसरी भाषाएँ जानती है, अंग्रेजी नहीं।

वक्त, जो बदल रहा है

यह तो तय है कि पहुँच, प्रभाव और सम्भावनाओं के रूप में मीडिया तथा आम स्तर पर सोशल मीडिया के दीर्घकालिक असर को कम करके आँका गया है। समाचार संगठन अब ब्लॉगिंग तथा ट्विटर को अपना तो रहे हैं लेकिन इसके दीर्घकालिक असर पर चर्चा कम ही हुई है। अब खबरें सिर्फ समाचार संगठनों के पास नहीं रह गई हैं। खबरें आम लोगों के पास हैं और वे उसे रखने, छिपाने में नहीं, बाँटने में विश्वास रखते हैं। यही बड़ा बदलाव है। 'वाशिंग्टन पोस्ट' में स्तम्भकार जॉन कैली के अनुसार, सोशल मीडिया केवल नागर पत्रकारिता के लिहाज से ही मायने नहीं रखता बल्कि यह पाठकों तक पहुँच के लिहाज से भी अद्भुत है। मुख्यधारा का मीडिया ज्यादा-से-ज्यादा लोगों तक पहुँचने के लिए इस माध्यम का उपयोग कर रहा है। पत्रकारिता में सोशल मीडिया के रूप में यह जो बदलाव आ रहा है, वह सच में मानीखेज है। बीबीसी न्यूज के सम्पादक (इमर्जिंग प्लेटफॉर्म) पॉल ब्रेनन ने मौजूदा दौर को पत्रकारिता में सबसे अहम समय करार दिया है। वे कहते हैं—सोशल मीडिया समाज के केन्द्र में है, हृदय में है और यह आने वाली नई पत्रकारिता के भी केन्द्र में है। पत्रकारिता की सारी प्रक्रिया ही लोकतांत्रिक हो गई है। पुलित्जर पुरस्कारों के प्रशासक सिग गिसलेर ने प्रोपब्लिका को पहली बार अवार्ड देते समय ऑनलाइन जर्नलिज्म द्वारा किए जा रहे गुणवत्तापरक काम को स्वीकार किया था। उन्होंने कहा—वे वास्तव में बहुत अच्छा काम कर रहे हैं। आने वाले समय में यह पारम्परिक

मीडिया को और कड़ी चुनौती देगा। इसे पत्रकारिता में आ रहे बदलाव का प्रतीक माना जा रहा है। पीटर हॉरॉक्स के अनुसार, इसका एक उदाहरण हो सकता है—जानकारियों की उपलब्धता। एक दृष्टिकोण है कि सूचनाओं और जानकारियों ने शक्ति की पारम्परिक परिभाषा को बदल दिया और वेब वह पहला माध्यम है जहाँ हर कोई अपनी आवाज दुनिया तक पहुँचा सकता है। कोलम्बिया जर्नलिज्म रिव्यू की एन कूपर इस बदलाव को 'गद्दी छोड़ो कि जनता आती है' के आह्वान के रूप में देखती हैं। उनका मानना है कि इंटरनेट, ब्लॉग जैसी नवीन तकनीकों पर सवार होकर निकले 'रंगरूट' पत्रकारों ने जमे-जमाए पत्रकारों की मठाधीशी को कड़ी चुनौती दी है। यहाँ दोनों वर्ग आमने-सामने आ गए हैं। जो परम्परागत पत्रकारिता के मठ में हैं वे इन नए कलमकारों को 'ये तो पत्रकार ही नहीं' कहकर खारिज कर रहे हैं जबकि पहुँच और पत्रकारिता के अन्य मानकों पर शायद ये नए रंगरूट अधिक प्रभावी दिखते हैं। यहाँ एकलव्यों की एक नई पौध सामने आई है जो किसी द्रोणाचार्य को अँगूठा देने में विश्वास नहीं करती। उसका विश्वास खुद में है। उनके बढ़ते प्रभावों को कम्पनियाँ तथा सरकारें भी मानने लगी हैं और अखबार, टीवी चैनल, पत्रिकाओं से इतर गैर-परम्परागत माध्यमों के जरिए 'पत्रकारिता' करने वालों को भी मान्यता मिलने लगी है, पत्रकार के रूप में। जैसा कि मीडिया दिग्गज रूपर्ट मर्डोक ने नवम्बर 2005 में समाचार-पत्रों के अन्धकारमय भविष्य को लेकर भविष्यवाणी करते हुए कहा था कि प्रिंट मीडिया इंटरनेट की वास्तविकता को अपनाने में असफल रहा है। उन्होंने कहा कि परम्परागत प्रेस और इंटरनेट आने वाले कई वर्षों तक एक-दूसरे के साथ चलेंगे। आज लगभग हर मीडिया प्रतिष्ठान अपनी वेबसाइट बना रहा है। अंग्रेजी के साथ-साथ हिन्दी के अखबारों ने ऑनलाइन पत्रकारिता पर ध्यान दिया है। इसके लिए विशेष नियुक्तियाँ की जा रही हैं और समाचारों को 'रीयल टाइम' में अपडेट करने के प्रयास हैं। ज्यादा-से-ज्यादा हिट के लिए बहुभाषी साइटों की पेशकश की जाने लगी है। भले ही इसके पीछे कारण वाणिज्यिक हैं, यह तो तय है कि इंटरनेट ने पत्रकारिता के दृष्टिकोण में बड़ा परिवर्तन किया है, उसकी रफ्तार को बदला है। अब कोई मीडियम यह कहकर सन्तुष्ट नहीं हो सकता है कि हम तो प्रिंट हैं या हम सिर्फ ब्रॉडकास्ट करते हैं। चाहे वे पत्रकारिता की किसी भी विधा में हों, उनके लिए अपनी वेबसाइट बनाना एक आवश्यकता बन गई है। अब कोई भी मीडिया हाउस बिना अपनी वेबसाइट बनाए यह नहीं कह सकता कि वह एक मीडिया हाउस है। बल्कि कई मीडिया हाउस तो कई वेबसाइट चला रहे

हैं। वे एक विशिष्ट बाजार के लिए या विशिष्ट पत्रकारिता को ध्यान में रखकर वेबसाइटें बना रहे हैं।

इंटरनेट के प्रचार-प्रसार का जायजा गूगल, फेसबुक तथा ट्विटर के प्रदर्शन से ही लिया जा सकता है। ट्विटर ने पहले पाँच साल में 20 करोड़ से अधिक लोगों को जोड़ा और यह आठ अरब डॉलर की कम्पनी हो गई। फेसबुक आठ साल में ही मई 2012 में 90 करोड़ उपयोक्ताओं के साथ 104 अरब डॉलर की कम्पनी हो गई। रोचक तो यह है कि 'टाइम' के पाठकों ने विकीलीक्स के संस्थापक जूलियन असांज को सबसे प्रभावशाली व्यक्ति चुना। मगर 'टाइम' के सम्पादकों, संवाददाताओं ने पिछले वर्षों के विजेताओं और दूसरी शख्सियतों के साथ विमर्श के बाद जकरबर्ग को 'पर्सन ऑफ द ईयर' बनाने का फैसला किया।

जब 2010 में ऑनलाइन व इंटरनेट आधारित काम को दो पुलित्जर पुरस्कार मिले तो इसे पत्रकारिता में 'दृश्य-परिवर्तनकारी' घटना माना गया। नॉन-प्रॉफिट संस्थान के रूप में काम कर रहे प्रोपब्लिका ने 2011 में अपने अकेले दम पर श्रेष्ठ पत्रकारिता का पुलित्जर पुरस्कार जीतकर धाक जमा दी है। इससे साबित हो गया है कि ऑनलाइन पत्रकारिता भले ही पैसे या संसाधन के मामले में परम्परागत मीडिया से पीछे हो लेकिन पहुँच और गुणवत्ता के लिहाज से बहुत आगे जा रही है। ऑनलाइन क्षेत्र की दिग्गज अमेरिकी कम्पनी 'एओएल' ने जब 'हफिंग्टन पोस्ट' पोर्टल को 31.5 करोड डॉलर में खरीदने की घोषणा की तो लोग चौंक गए। यहाँ एक और सर्वेक्षण है–अरब देशों में जहाँ राजनीतिक विचारों को खुलकर सामने रखना मुश्किल है, वहाँ फेसबुक स्वैच्छिक अभिव्यक्ति के एक विकल्प के रूप में लोकप्रिय हो रहा है। इसके अनुसार, अरब देशों में फेसबुक का इस्तेमाल करने वालों की तादाद अखबार पढ़ने वालों से ज्यादा है। डेढ़ करोड़ लोग फेसबुक का इस्तेमाल करते हैं। वहीं अरबी, अंग्रेजी और फ्रेंच में छपने वाले कुल अखबारों की संख्या 1.4 करोड़ से कुछ ही कम है। यानी कहा जा सकता है कि अरब देशों में इंटरनेट के जरिए सामाजिक मेलजोल को बढ़ावा देने वाली वेबसाइट्स लोकप्रिय हो रही हैं। सोशल साइटें संवाद के वैकल्पिक माध्यम से मुख्य माध्यम में बदल रही हैं। मिस्र में 35 लाख लोग फेसबुक का इस्तेमाल करते हैं जो उस देश में सबसे बड़े अखबारों की बिकने वाली प्रतियों की संख्या से कहीं ज्यादा है। ऐसे में अमेरिका की सरकार इंटरनेट की आजादी का समर्थन करती है और कथित निरंकुश शासन वाले देशों में राजनीतिक विरोधियों को इंटरनेट की आजादी हासिल करने के लिए ढाई करोड़ डॉलर की मदद देने की घोषणा करती है तो उसके निहितार्थ समझे जा सकते

हैं। अमेरिकी विदेश मंत्री हिलेरी क्लिंटन ने कहा कि इसके तहत इंटरनेट के जरिए विरोध करने वालों को तकनीक, उपकरण और ट्रेनिंग मुहैया कराई जाएगी ताकि वे सेंसरशिप या रोक का सामना कर सकें।

अमेरिका में एक सर्वे के अनुसार साल 2010 में खबरों के लिहाज से इंटरनेट ने सभी अन्य माध्यमों को पछाड़ दिया, चाहे वह केबल टीवी हो, रेडियो या अखबार। अन्तर्राष्ट्रीय सर्वेक्षण और अनुसन्धान संस्थान, पिव रिसर्च सेंटर वाशिंग्टन के एक अध्ययन में शामिल अधिकांश अमेरिकी नागरिकों ने कहा कि उन्हें अखबारों से ज्यादा खबरें नेट से मिलती हैं। यह कहना अतिशयोक्ति नहीं होगा कि इंटरनेट रातो-रात समाज के सभी स्थापित मानकों को प्रभावित कर सकता है। इसने पत्रकारिता व मीडिया को ही प्रभावित नहीं किया, धीरे-धीरे यह समाज के हर पहलू को प्रभावित कर रहा है।

नोरती और आईटीयू के सपने

चूँकि सोशल मीडिया का सारा दारोमदार इंटरनेट पर है तो इस बारे में बात करते समय हमें इंटरनेट की पहुँच, उपलब्धता जैसे सवालों को भी टटोलना होगा। कहा जा रहा है कि इक्कीसवीं सदी में ज्ञान का मुख्य स्रोत और कारोबार का मुख्य आधार इंटरनेट ही होगा। टॉफलर की यह अवधारणा साबित हुई जाती है कि कभी ताकत सूचना में बसती थी जो धीरे-धीरे ज्ञान में आ जाएगी। यानी जिसके पास सूचना, ज्ञान होगा वही ताकतवर होगा। इंटरनेट, अन्तर्जाल या कम्प्यूटरों को आपस में जोड़ने की तकनीक। चालीसेक साल पहले अमेरिका की रक्षा प्रयोगशालाओं में इंटरनेट अस्तित्व में आया था और कम्प्यूटरों को आपस में जोड़ने की प्रणाली विकसित की गई। सही मायने में यह आम लोगों के बीच पहुँचा, बीसेक साल पहले जब दुनिया-भर के कम्प्यूटरों में एकत्रित सूचनाओं/जानकारियों को कहीं भी सुलभ करा सकने वाली भाषा या तकनीक सामने आई। अब तक मानव सभ्यता को जिन आविष्कारों ने बहुत हद तक प्रभावित किया उनमें पहिए, भाप इंजन, बिजली और कम्प्यूटर का आविष्कार शामिल हैं। इन आविष्कारों ने दुनिया को बदला। इंटरनेट का असर इनके मुकाबले कहीं अधिक होने की भविष्यवाणी की जाती रही है और धीरे-धीरे यह साबित भी हो रहा है।

इंटरनेट, सोशल मीडिया के असर को समझने के लिए हम नोरती की कहानी को ले सकते हैं और आईटीयू के ताजा आँकड़ों को भी। नोरती,

राजस्थान में अजमेर जिले के गाँव, हरमाड़ा की सरपंच बनीं और साठ साल की इस वृद्धा ने कम्प्यूटर सीखकर सफलता की कहानी लिखी। महज साक्षर, नोरती ने जब कम्प्यूटर सीखना शुरू किया तो किसी को विश्वास नहीं था। लेकिन अपनी लगन और मेहनत से वह सीख गईं। अब लोगों को कम्प्यूटर सिखाती हैं, 'ई-मेल' भेजती हैं। लाखों का हिसाब-किताब कम्प्यूटर में रखती हैं। जर्मनी, चीन और अमेरिका की यात्रा कर चुकी हैं और उन्हें संयुक्त राष्ट्र के एक समारोह में भाग लेने का मौका भी मिला। तो बात यही है कि जब नोरती जैसी महिलाएँ जिनके हाथों से गोबर, माटी-गारा उतरता ही नहीं था—कम्प्यूटर, इंटरनेट का उपयोग करेंगी तो समाज की परम्परागत मान्यताएँ टूटनी तय हैं। उनके पास सूचना की ताकत होगी, ज्ञान का भंडार होगा तो समाज में परिवर्तन की लहर से इनकार नहीं किया जा सकता।

अब बात करते हैं संयुक्त राष्ट्र की संस्था, अन्तर्राष्ट्रीय दूरसंचार यूनियन (आईटीयू) की। आईटीयू का मानना है कि ब्रॉडबैंड नेटवर्क दुनिया में गरीबी, निरक्षरता और बीमारियों के खिलाफ लड़ाई में एक क्रान्तिकारी भूमिका निभा सकता है। आईटीयू के मुताबिक, ब्रॉडबैंड के सहारे सरकारें और दूसरे संस्थान अपनी सेवाएँ प्रभावशाली ढंग से आम लोगों को उपलब्ध करवा सकते हैं। आईटीयू के अधिकारियों के अनुसार, 2011 में विश्व में मोबाइल फोनों की संख्या छह अरब तक पहुँच गई। पाँच वर्ष पहले यह संख्या 2.2 अरब थी। इंटरनेट उपभोक्ताओं की संख्या में भी पिछले पाँच वर्षों में 1.2 अरब से दो गुने से ज्यादा बढ़कर 2011 में 2.5 अरब हो गई। आईटीयू के हमादून तूरे का कहना था, "अच्छी बात यह है कि टेलीकॉम सेवाओं में सर्वाधिक बढ़ोतरी विकासशील देशों में हो रही है।" यहाँ विकिपीडिया के सहसंस्थापक जिमी वेल्स की बात भी गौर करने लायक है। उन्होंने एक साक्षात्कार में कहा, "अगले पाँच से दस साल में एक अरब और लोग इंटरनेट से जुड़ जाएँगे। ऑनलाइन हो रहे ये लोग अमेरिका, यूरोप या जापान से नहीं होंगे क्योंकि यहाँ के अधिकतर लोग पहले से ही इंटरनेट से जुड़े हैं। इंटरनेट से जुड़ने वाले नए लोग मुख्यतः चीन और भारत जैसे देशों से होंगे।" वे कहते हैं, "अफ्रीकी जनता भी बड़ी संख्या में इंटरनेट से जुड़ेगी हालाँकि अपेक्षाकृत धीरे-धीरे। मैं समझता हूँ, इस प्रक्रिया के रोचक सांस्कृतिक प्रभाव देखने को मिलेंगे।"

इसी सन्दर्भ में बीबीसी के निदेशक पीटर हॉरॉक्स का कहना है कि इंटरनेट का नाम लेते ही दिमाग में एक आभासी दुनिया की छवि बनती है जिसकी आबादी असल दुनिया की आबादी के मुकाबले तेजी से बढ़ रही है। हालाँकि

इस समय दुनिया-भर में करीब एक अरब लोग ही इंटरनेट की पहुँच में हैं। यानी अब भी वास्तविक दुनिया के अधिकतर लोग इंटरनेट की आभासी दुनिया की चौखट तक नहीं पहुँच पाए हैं। उनका कहना है कि इस अपेक्षाकृत सीमित पैठ के बाद भी समाज के हर क्षेत्र में इंटरनेट का असर साफ दिखने लगा है। बात गहन अनुसन्धान की हो या मनोरंजन की, संचार की हो या व्यापार की, आन्दोलन की हो या प्रचार की–हर जगह इंटरनेट का असर समग्रता में जाहिर हो रहा है। जैसे कि भारतीय टेलीफोन की दुनिया में बदलाव के अगुवा रहे सैम पित्रोदा भविष्य में इंटरनेट के प्रसार के लिए मोबाइल को एक प्रभावी हथियार मान रहे हैं। वे कहते हैं, "मेरी राय में मृत्यु के बाद तकनीक ही ऐसी चीज है, जो समाज में सबके लिए समान रूप से प्रभावी होती है।" उन्होंने जनवरी 2010 में कहा था कि देश में फोन कनेक्शनों की संख्या में हर महीने कई लाख की वृद्धि हो जाती है। इस लिहाज से दो साल बाद देश में कोई 80 करोड़ फोन कनेक्शन होंगे। भारत में 2,50,000 पंचायतें हैं और सरकार की इन सभी पंचायतों को ब्रॉडबैंड के जरिए जोड़ने की योजना है। अगले तीन साल में देश में ब्रॉडबैंड कनेक्शनों की संख्या दस करोड़ होने की सम्भावना है। सरकार की योजना नेशनल नॉलेज नेटवर्क बनाने की है जिसका उद्देश्य विश्वविद्यालयों, बड़े ग्रन्थालयों और शोध केन्द्रों जैसे पाँच हजार केन्द्रों को जोड़ना है ताकि साझेदारी बढ़ सके। देश में इंटरनेट के प्रसार के लिहाज से बड़ा कदम माना जा सकता है।

धीरे-धीरे इंटरेनट रोटी-कपड़ा-मकान-मोबाइल जैसी जरूरी चीजों में शामिल हो जाएगा। यही कारण है कि लोग इंटरनेट के उपयोग की आजादी को मानवाधिकार से जोड़कर देखने लगे हैं। बीबीसी ने एक सर्वे करवाया था जिसमें 80 प्रतिशत लोगों ने कहा कि इंटरनेट का उपयोग उनके मौलिक अधिकारों में शामिल हो। इसके अनुसार हर पाँच वयस्क लोगों में से चार ये मानते हैं कि उन्हें इंटरनेट के इस्तेमाल की सुविधा उसी ढंग से मिलनी चाहिए जैसे कि यह उनका मौलिक अधिकार हो। इस सर्वे में दुनिया-भर के 26 देशों के कुल 27 हजार वयस्क लोगों की इंटरनेट के बारे में राय ली गई। इसमें शामिल 78 प्रतिशत लोगों का कहना है कि इंटरनेट ने उन्हें बड़ी स्वतंत्रता दी है, 90 प्रतिशत लोग कहते हैं कि यह जानकारी का बहुत बड़ा माध्यम है। जैसा कि अमेरिकी विदेश मंत्री हिलेरी क्लिंटन ने सोशल नेटवर्किंग के महत्त्व पर जोर देते हुए कहा कि इंटरनेट से मुँह नहीं मोड़ा जा सकता। उनका कहना था कि ट्विटर और फेसबुक जैसी सोशल नेटवर्किंग वेबसाइटें युवाओं की

आकांक्षाओं को आवाज देती हैं और जिस तरह से सोसायटी में इंटरनेट का प्रभाव बढ़ रहा है उसे देखते हुए इंटरनेट की दुनिया से पीछे हटना मुमकिन नहीं है।

भविष्य से उम्मीदें, इतिहास से सीख

सैम पित्रोदा का कहना है कि आने वाले समय में शायद कुछ लोग मतदान भी ऑनलाइन करने लग जाएँ। दूरसंचार की तीसरी पीढ़ी यानी 3-जी, उसके बाद 4-जी प्रौद्योगिकी पर आधारित मोबाइल सेवाओं के आने से इंटरनेट का और तेजी से विस्तार होगा। इंटरनेट की पहुँच बढ़ने के साथ इसकी लागत कम हुई है। दस साल पहले किसी इंटरनेट कैफे में जहाँ हर घंटे के 50 रुपए तक लिये जाते थे वही शुल्क अब घटकर 15-20 रुपए तक आ गया है। इंटरनेट की स्पीड सुधरी है। हार्डवेयर सस्ते हो रहे हैं। क्लाउड कम्प्यूटिंग जैसी अवधारणा, कम्प्यूटरीकरण को और बढ़ावा दे सकती है। क्लाउड कम्प्यूटिंग ऐसी अवधारणा है जिसमें सॉफ्टवेयर इंटरनेट पर किराए पर उपलब्ध कराए जाते हैं। इस तरह सॉफ्टवेयर की कीमत के साथ-साथ स्टोरेज तथा रख-रखाव का खर्च भी बच जाता है। इससे निस्सन्देह कम्प्यूटीकरण के प्रचार-प्रसार में बड़ी मदद मिलेगी। जैसा कि माइक्रोसॉफ्ट के मुख्य कार्याधिकारी स्टीव बामर मानते हैं कि जब लोग क्लाउड कम्प्यूटिंग की बात करते हैं तो सबसे बड़ा सवाल होता है कि कैसे? कैसे हम कम्प्यूटर और सॉफ्टवेयर के काम करने के ढंग को बदलेंगे? मैं देखता हूँ कि इन सबमें इंटरनेट की मुख्य भूमिका होगी। न केवल नई तकनीक और आविष्कारों के लिए बल्कि उन पुरानी तकनीकों के लिए भी जिनका उपयोग हम इस समय कर रहे हैं। क्लाउड कम्प्यूटिंग इन सबमें मुख्य भूमिका निभाएगी, इसमें कोई सन्देह नहीं है। भारत में इंटरनेट एक्सेस में सक्षम मोबाइल फोन सस्ते हो रहे हैं। दस हजार रुपए में कम्प्यूटर की बात पुरानी हो चुकी है, पाँच हजार रुपए में टैबलेट आ रहा है। अब तीन हजार रुपए खर्च कर भी इंटरनेट सक्षम मोबाइल खरीदा जा सकता है। 3-जी या वायरलेस इंटरनेट एक्सेस जैसी सुविधाओं के प्रसार से नई दुनिया खुलेगी। एक कम्पनी ने ऐसी सुविधा भी पेश की है जिसमें फेसबुक के इस्तेमाल के लिए इंटरनेट की जरूरत नहीं होगी। अगर हम डिजिटल डिवाइड, कम्प्यूटर निरक्षता जैसी बाधाओं से पार पा लेते हैं तो इंटरनेट और सोशल नेटवर्किंग की क्रान्ति आने वाले दिनों में और बड़ा बदलाव कर सकती है।

जो मूल सवाल था सोशल नेटवर्किंग व पत्रकारिता का, उसकी जड़ इंटरनेट की पहुँच से ही निकलती है। सोशल नेटवर्किंग/ऑनलाइन पत्रकारिता भले ही इंटरनेट के 'उप-उत्पाद' के रूप में सामने आई लेकिन इसने बहुत बड़ा असर डाला है, सूचनाओं व पत्रकारिता को आम लोगों के हाथों में पहुँचाने में। आने वाले दिनों में पत्रकारिता-परम्परागत बनाम न्यू मीडिया की बहस खत्म हो जानी है। अगर इस बदलाव को सही दिशा मिल पाती है और परम्परागत तथा नए पत्रकारों में सामंजस्य बैठ पाता है तो एक नई तरह की पत्रकारिता की राह खुलेगी जो शायद बेहतर पत्रकारिता का मार्ग प्रशस्त करेगी। निस्सन्देह पुराने मीडिया को अपनी जिद और अप्रसांगिक हो चुकी मान्यताओं को छोड़ना होगा और नई तरह की पत्रकारिता को खुले दिल से स्वीकारना होगा जबकि नए पत्रकारों को भी पारम्परिक पत्रकारों से अच्छी बातें सीखनी होंगी। किसी ने बीती सदी को 'घर से भागे हुए लोगों की सदी' कहा था। उनमें से कितने गौतम हो गए–कोई नहीं, क्योंकि घर छोड़ने वाला हर शख्स गौतम नहीं होता। बुद्ध होने की राह अलग ही है। यह बात नए जमाने और नए तरह के पत्रकारों (लिक्खाड़ों) पर भी लागू होती है। पत्रकारिता में साख, विश्वसनीयता बड़ा सवाल है। जैसा कि रोसेन कहते हैं कि एक नए तरह की हाइब्रिड पत्रकारिता इस समय की जरूरत हो गई है। इस पत्रकारिता में जहाँ परम्परागत पत्रकारिता के श्रेष्ठ व व्यावहारिक मानक होंगे तो सिटिजन जर्नलिज्म का उत्साह व खूबियाँ भी। लेकिन इस गठजोड़ में दोनों ही पीढ़ियों के वे धीर-गम्भीर पत्रकार होने चाहिए जिनकी प्रतिबद्धता पत्रकारिता के प्रति और इसके लोकसेवा मिशन के प्रति हो। रूपर्ट मर्डोक ने एक बार कहा था, "अच्छी पत्रकारिता और अच्छी रिपोर्ट को कभी कोई खतरा नहीं हो सकता।"

सन्दर्भ

इस आलेख में न्यू मीडिया, इंटरनेट, पत्रकार व पत्रकारिता की बहस बहुत कुछ 'कथादेश' मीडिया विशेषांक-2011 में न्यू मीडिया खंड के आलेखों पर आधारित है।

आओ क्रान्ति बलाएँ ले लूँ, कविता अंश–बालकृष्ण शर्मा 'नवीन'।

फ्रेंडस्टर–Friendster, ट्राइब–Tribe, कॉज डॉट कॉम–Cause.com, फेसबुक–Facebook, लिंक्डइन– LinkedIn माइस्पेस–MySpace, निंग–Ning

गूगल बज-प्लक–Pluck, ग्रुपॉन–Groupon, जिंगा–Zynga गूगल प्लस–Google+

पत्रकारिता के सारतत्त्व–//http:www.journalism-org/resources/principles

इंटरनेट विरोध और अमेरिका–http://www.bbc.co.uk/hindi/news/2011/02/110215_us_internet_skj-shtml

अखबारों से अधिक लोकप्रिय सोशल साइटें http://www/bbc.co-uk/hindi/news/2010/05/100524_arab_facebook_da-shtml

सैम पित्रोदा–http://www.bbc.co-uk/hindi/science/2010/03/100306_superpower_pitroda_vv-shtml

फेसबुक कारोबार और अवार्ड–http://www.bbc.co-uk/hindi/news/2011/01/110104_facebook_invest_pa-shtml

फेसबुक ईरान, लीबिया–http://www.bbc.co-uk/hindi/news/2009/11/091115_internet_iran_alk-shtml

इंटरनेट उपयोग सर्वे–http://www.bbc.co.uk/hindi/news/2010/03/100307_internet_survey_sm-shtml

रूपर्ट मर्डोक–http://hi-shvoong-com/humanities/181304-%E0%A4%87&%E0%A4%9F%E0%A4%B0%E0% A4%A8&%E0%A4%9F&%E0% A4%95&%E0%A4%AF/

नोरती की कहानी–http://www.bbc.co.uk/hindi/science/2010/03/100306_superpower_norti_vv-shtml

अमेरिका में इंटरनेट–http://www.thehindu-com/sci/tech/internet/article1540441.ece

वर्डप्रेस ब्लॉगिंग आँकड़े (09 मई, 2011)–http://hi.wordpress-com?/ref=footer

पत्रकारिता का दृष्टिकोण बदला–http://www.bbc.co.uk/hindi/science/2010/03/100307_superpower_journalism_vv-shtml

तरुणाई की ओर वेब पत्रकारिता:–http://www.pravakta.com/story/17666

prithvii@gmail-com

अभिव्यक्ति की निलम्बित आजादी और न्यू मीडिया

दिलीप मंडल

> ''भारत में फेसबुक पर टिप्पणी के कारण नौकरी से निलम्बन का सम्भवतः पहला मामला प्रकाश में आया है। यह मामला बिहार विधान परिषद का है जहाँ काम करने वाले कर्मचारी मुसाफिर बैठा को सिर्फ इसलिए निलम्बित कर दिया गया क्योंकि उन्होंने फेसबुक पर व्यवस्था की आलोचना की थी। इसके अलावा एक और सरकारी कर्मचारी अरुण नारायण को भी फेसबुक पर टिप्पणी के कारण निलम्बित किया गया है।'' (बीबीसी समाचार में छपी खबर)*

21वीं सदी के भारत में आपका स्वागत है। यहाँ का संविधान आपको विचार और अभिव्यक्ति की स्वतंत्रता देता है। संविधान के अनुच्छेद 19(1) में इसका स्पष्ट प्रावधान है। इमरजेंसी के अलावा सामान्य स्थितियों में राज्य का दायित्व है कि नागरिकों के इस अधिकार की रक्षा करे। हालाँकि संविधान के मुताबिक, यह स्वतंत्रता असीमित या अमर्यादित नहीं है और अनुच्छेद 19(2) में बताया गया कि राज्य किन स्थितियों में इस स्वतंत्रता को सीमित कर सकता है। ये स्थितियाँ हैं–देश की सम्प्रभुता और एकता की रक्षा, भारत की सुरक्षा, दूसरे देशों के साथ दोस्ताना सम्बन्ध, लोक-व्यवस्था (पब्लिक ऑर्डर) या फिर न्यायपालिका की अवमानना, मानहानि या किसी को अपराध के लिए उकसाना। (भारत का संविधान)

क्या मुसाफिर बैठा या अरुण नारायण ने फेसबुक में कुछ ऐसा लिख दिया जिससे अनुच्छेद 19(2) को लागू करने की नौबत आ गई हो? यह जानने के लिए उन्हें दिए गए निलम्बन आदेश को देखा जाना चाहिए।

मुसाफिर बैठा को दिया गया निलम्बन पत्र इस प्रकार है–''श्री मुसाफिर बैठा, सहायक, बिहार विधान परिषद सचिवालय को परिषद के अधिकारियों के विरुद्ध असंवैधानिक भाषा का प्रयोग करने तथा–'दीपक तले अँधेरा', यह

---

* http://www.bbc.co.uk/hindi/india/2011/09/110921_fb_suspension_skj-shtml

लोकोक्ति जो बहुत से व्यक्तियों, संस्थाओं और सत्ता प्रतिष्ठानों पर लागू होती है। बिहार विधान परिषद, जिसकी मैं नौकरी करता हूँ, वहाँ 'विधानों की धज्जियाँ उड़ाई जाती हैं'–इस तरह की टिप्पणी करने के कारण तत्काल प्रभाव से निलम्बित किया जाता है।''

अरुण नारायण को दिए गए निलम्बन पत्र में कहा गया है कि परिषद में सहायक पद पर कार्यरत अरुण कुमार (अरुण नारायण) को ''प्रेमकुमार मणि की सदस्यता समाप्त करने के सम्बन्ध में सरकार एवं सभापति के विरुद्ध असंवैधानिक टिप्पणी देने के कारण तत्काल प्रभाव से निलम्बित किया जाता है।''

जाहिर है कि इन दोनों सरकारी कर्मचारियों ने ऐसा कुछ भी नहीं लिखा है जिससे देश खतरे में पड़े या पड़ोसी देशों से रिश्ते खराब हो जाएँ। यह सही है कि सरकारी कर्मचारी सेवा-शर्तों से बँधे होते हैं, लेकिन सिर्फ इस वजह से वे संविधान में वर्णित विचार और अभिव्यक्ति की स्वतंत्रता के मौलिक अधिकार से वंचित नहीं किए जा सकते।

बिहार में हुई इस घटना के पक्ष और विपक्ष में और शासन के व्यवहार पर तमाम तरह की टिप्पणियाँ की जा सकती हैं। उन्हें फिलहाल पीछे छोड़ते हुए अगर इस बात पर विमर्श को केन्द्रित किया जाए कि क्या भारत में इंटरनेट और सोशल नेटवर्किंग की इतनी हैसियत बन गई है कि सरकारों को इन माध्यमों में छपने-दिखने वाली बातों से फर्क पड़ने लगा है और कि क्या परम्परागत मीडिया की संरचनात्मक बनावट और तमाम अन्य कारणों की वजह से विकल्प की पत्रकारिता की जरूरत पैदा हो गई है?

प्रस्तुत आलेख में इस बात पर विचार किया जाएगा कि–

1. क्या भारत के परम्परागत मीडिया में विरोध और विकल्प के स्वर की गुंजाइश कम हो गई है या खत्म हो गई है?
2. क्या इंटरनेट और सोशल मीडिया इस स्पेस को भरने का माध्यम हो सकता है? यानी क्या भारत में न्यू मीडिया वैकल्पिक पत्रकारिता का जरिया बन सकता है?
3. वैकल्पिक मीडिया के रूप में इंटरनेट और सोशल मीडिया की क्या सीमाएँ हैं?
4. क्या भारत में इंटरनेट को नियंत्रित करने की कोशिशें तेज होंगी?

इन प्रश्नों को एक-एक करके लेते हैं। अगर परम्परागत मीडिया से तात्पर्य बड़े अखबारों, टीवी चैनलों और रेडियो स्टेशनों से है तो मोटेतौर पर उन्हें दो

श्रेणियों में बाँटा जा सकता है। इनमें से कुछ सार्वजनिक क्षेत्र में हैं और बाकियों का संचालन निजी क्षेत्र की कम्पनियाँ करती हैं। अपवाद के तौर पर गिने-चुने मीडिया संस्थान ट्रस्ट संचालित भी हैं। जहाँ तक सार्वजनिक क्षेत्र के मीडिया, जैसे–दूरदर्शन, आकाशवाणी का प्रश्न है, तो भारत के विशिष्ट सन्दर्भ में सार्वजनिक क्षेत्र का मीडिया सरकार का है और सत्ताधारी पार्टी के मीडिया के रूप में काम करता है। कई यूरोपीय देशों की तरह भारत में पब्लिक ब्रॉडकास्टर की परिकल्पना नहीं है। प्रसार भारती के जरिए पब्लिक ब्रॉडकास्टर जैसी कोई चीज बनाने की कोशिश की गई थी, लेकिन ऐसा हो नहीं पाया है।

जहाँ तक निजी क्षेत्र के मास मीडिया का सवाल है तो वह पूरी तरह कॉरपोरेट-संचालित है। बल्कि वह खुद ही कॉरपोरेट है। भारत सरकार के विदेश मंत्रालय की वेबसाइट http://www.indiainbusiness.nic.in/industry& infrastructure/service&sectors/media&entertainment-htm (29 सितम्बर, 2011 को साइट पर दी गई जानकारी) में यह लिखा गया है कि–

> फेडरेशन ऑफ इंडियन चैंबर ऑफ कॉमर्स एंड इंडस्ट्रीज (फिक्की) और रिसर्च फर्म 'केपीएमजी' की एक रिपोर्ट के मुताबिक, भारतीय मीडिया और मनोरंजन उद्योग का कारोबार 2009 में 12.9 अरब डॉलर था, जो 2010 में बढ़कर 14.4 अरब डॉलर हो गया। यानी 11 फीसदी की बढ़त। इसी रिपोर्ट में यह भी कहा गया है कि उद्योग के प्रति सकारात्मक रुझान और मीडिया उत्पादों की खपत में वृद्धि की वजह से यह उद्योग 2011 में 13 फीसदी की दर से बढ़ेगा और 16.2 अरब डॉलर का हो जाएगा। यह उद्योग रोमांचक दौर के लिए कमर कस रहा है और अनुमान है कि औसत 14 फीसदी की सालाना वृद्धि दर के साथ 2015 में यह 28.1 अरब डॉलर का हो जाएगा।

मीडिया को लोकतंत्र का चौथा स्तम्भ जैसी कोई चीज मानने वालों को भारत सरकार की इस व्याख्या से तकलीफ हो सकती है कि पत्रकारिता और मनोरंजन एक ही कैटेगरी में हैं और यह सेवा-कार्य नहीं, एक उद्योग है। मीडिया कम्पनियों का कारोबार करोड़ों में नहीं, अरबों में ही आँका जा सकता है। मीडिया कम्पनियों के पास दो हजार करोड़ रुपए तक की परिसम्पत्तियाँ यानी एसेट्स हैं। मीडिया उद्योग में अखबारों, पत्रिकाओं, चैनलों आदि को प्रोडक्ट या माल कहा जाता है। अखबारों को ब्रांड कहा जाता है और उसके संचालन में सम्पादक के ऊपर ब्रांड मैनेजर की भूमिका होती है। कई संस्थानों में सम्पादक अपना काम ब्रांड मैनेजर के मार्गदर्शन में करता है। मीडिया उद्योग जब अपना तिमाही या सालाना लेखा-जोखा करता है तो इस बात की चर्चा नहीं होती है कि कैसी पत्रकारिता की गई। वहाँ किसी भी और उद्योग की तरह राजस्व यानी

आमदनी, एसेट्स यानी परिसम्पति, लाभ, हानि, कारोबार के लिए लक्ष्य आदि की ही चर्चा होती है। न्यूज मीडिया कम्पनियों के बोर्ड को देखें तो वहाँ पत्रकार के लिए जगह नहीं होती। इन बोर्ड में मालिक, बैंकर, विज्ञापन उद्योग से जुड़े लोग, उद्योगपति, चार्टर्ड एकाउंटेंट, वकील जैसे लोग ही होते हैं।

सरकार और मीडिया के रिश्तों को देखें तो अंग्रेजी राज के समय में आन्दोलनों से जुड़े पत्र-पत्रिकाओं ने कई बार सरकार विरोधी तेवर अख्तियार किए थे। सरकार के टकराव के क्रम में ही भारत में पत्रकारिता की एक धारा का विकास हुआ था, हालाँकि तब भी वह पत्रकारिता की मुख्यधारा नहीं थी। आजादी के बाद बहुत सारी चीजों के साथ ही, मीडिया की भूमिका भी बदल गई। सरकार और सत्ता के साथ मीडिया के रिश्तों के बदलने की कहानी पुरानी है। जो चीज 1991 के बाद निर्णायक रूप से बदली है—वह है पत्रकारिता का आर्थिक ढाँचा और कारोबारी स्वरूप। आर्थिक उदारीकरण के बाद मीडिया उद्योग में ढेर सारा पैसा आया। मीडिया के लिए अब किसी भी तरह की लोककल्याणकारी छवि का छद्म बनाए रखना भी असम्भव हो गया है। मीडिया अब कारोबार कर रहा है और खुलकर कर रहा है।

इमरजेंसी के दौर को छोड़ दें तो भारतीय पत्रकारिता और सत्ता के बीच कभी तीखा टकराव नहीं रहा। उस समय भी मीडिया के एक छोटे हिस्से ने प्रतिरोध में आवाज उठाई और बाकी मीडिया ने झुकने के लिए कहे जाने पर लेट जाने का रास्ता चुना। बोफोर्स कांड जैसे मामलों में जब मीडिया का एक हिस्सा सरकार का विरोध करता नजर आया तो वह दरअसल सत्ता के एक और हिस्से के पक्ष में खड़ा था। बुनियादी आर्थिक, सामाजिक और राजनीतिक सवालों पर भारतीय मीडिया और राजसत्ता के विचारों में अद्‌भुत समानता है। अलग-अलग मीडिया समूहों में कई बातें भिन्न होती हैं, लेकिन ऐसे अहम सवालों और मुद्‌दों पर कॉरपोरेट मीडिया के विचारों में भिन्नता नजर नहीं आती। भारत सरकार जब यह कहती है कि उदार आर्थिक नीतियों का मीडिया और मनोरंजन उद्योग के विकास में अहम योगदान है तो वह मीडिया के स्वरूप के बारे में रही-सही शंकाओं को दूर कर रही है। ऐसा मीडिया जनता के उन सवालों को उठाने में सक्षम नहीं है, जहाँ जनता के हित कॉरपोरेट हित से टकराते हों। इन दोनों के बीच एक को चुनना हो तो मीडिया के लिए कभी दुविधा की स्थिति नहीं हो सकती।

संचार के प्रोपेगंडा मॉडल में नॉम चोमस्की और एडवर्ड एस हरमन यह बताते हैं कि स्वामित्व के अलावा कई और कारणों से मीडिया इलीट का पक्षधर

होता है। उन कारणों में उन्होंने विज्ञापन पर मीडिया की निर्भरता को काफी महत्त्व दिया है। यह मॉडल हालाँकि पश्चिमी देशों, खासकर अमेरिका को ध्यान में रखकर तैयार किया गया है। लेकिन भारतीय मीडिया पर भी यह लागू होता है। भारत में 2010-11 में विज्ञापनों का सालाना बाजार 30,000 करोड़ रुपए का रहा। खासकर समाचार चैनलों में तो बिक्री और सब्सक्रिप्शन से होने वाली आमदनी अपेक्षाकृत कम होती है और ये माध्यम तीन-चौथाई और कई बार 100% तक राजस्व विज्ञापनों से अर्जित करते हैं। इस वजह से विज्ञापनदाताओं का इनके कंटेंट पर काफी दबाव होता है। मीडियाकर्मियों का वास्तविक दायित्व कई बार ऐसा कंटेंट तैयार करना बन जाता है, जो विज्ञापनदाताओं को पसन्द हो। इस वजह से मीडिया कंटेंट से वे लोग गायब नजर आते हैं, जिनकी विज्ञापनदाताओं को जरूरत नहीं होती। वे गरीब, ग्रामीण, बूढ़े, दलित, आदिवासी, ओबीसी, मुसलमान आदि हो सकते हैं। उत्पादों को खरीदने की इनकी कम या सीमित क्षमता की वजह से मीडिया इन्हें कम तवज्जो देता है या इनकी उपस्थिति की परवाह ही नहीं करता। यही नहीं, ऐसे समुदायों के लोग कंटेंट निर्माण में भी नजर नहीं आते। मीडिया में, खासकर न्यूजरूम की संरचना के बारे में दिल्ली और पटना में हुए सर्वेक्षणों में यह बात स्पष्ट हो गई है कि भारतीय मीडिया के फैसला लेने वाले शीर्ष पदों पर मुख्य रूप से हिन्दू सवर्ण पुरुष हावी हैं।

इन सीमाओं को देखते हुए कहा जा सकता है कि वर्तमान भारतीय कॉरपोरेट मीडिया जनपक्षीय सवालों को उठाने के लिए समर्थ नहीं है। ऐसे में न्यू मीडिया को लेकर काफी सम्भावनाएँ जताई जा रही हैं। इस बात में कोई सन्देह नहीं है कि न्यू मीडिया ने संवाद के वैकल्पिक माध्यम के रूप में पश्चिमी दुनिया ही नहीं, भारत में भी जोरदार उपस्थिति दर्ज कराई है। 21वीं सदी के दूसरे दशक की शुरुआत के साथ ही, भारत जैसे देश में भी मुख्यधारा मीडिया के सामने एक मजबूत विकल्प खड़ा हो गया है। भारत में इंटरनेट के 10 करोड़ से ज्यादा उपयोगकर्ता और फेसबुक जैसे सोशल मीडिया के 3.5 करोड़ से ज्यादा यूजर नए मीडिया तंत्र का हिस्सा हैं। फेसबुक जैसा माध्यम तो देश के दो करोड़ लोगों को एक साथ पत्रकार बनाने में सक्षम है। जो भी चाहे, फेसबुक और ऐसे ही अन्य मंचों पर अपनी बात कर सकता है। पत्रकार बनने के लिए जब पत्रकारिता संस्थान 2 से 3 लाख रुपए तक भी वसूल रहे हैं, तब इंटरनेट पर लिखने के लिए आपकी जेब में सिर्फ 10 रुपए होने चाहिए, जिसे देकर आप साइबर कैफे में बैठकर नई पत्रकारिता कर सकते हैं।

भारत के पैमाने पर राडिया टेप कांड और वैश्विक स्तर पर विकीलीक्स के खुलासे को देखें तो आप पाएँगे कि वैकल्पिक माने जाने वाले माध्यमों ने जो सामग्री दी, उसका बाद में मुख्यधारा के मीडिया ने फॉलोअप किया। यानी वैकल्पिक मीडिया आगे-आगे चला और अखबार तथा चैनल पीछे-पीछे चलने को मजबूर हुए। 'आउटलुक' पत्रिका ने भी जिन टेपों का खुलासा किया, उन्हें इंटरनेट पर डाल दिया। लिखे हुए शब्द के मुकाबले यह माध्यम ज्यादा असर पैदा करने में सक्षम साबित हुआ।

हालाँकि इंटरनेट पर किए जा रहे लेखन और पत्रकारिता को लेकर परम्परागत पत्रकार ही नहीं, सरकार और कॉरपोरेट जगत् भी लगातार चिन्ता जताते हैं। इस पर शिकंजा कसने के उपाय ढूँढ़े जा रहे हैं और इसके कुछ नमूने विकीलीक्स के साथ ही, पूरी दुनिया ने देखे और महसूस किए। भारत में भी इंटरनेट पर पहरा बिठाने की कोशिशें आने वाले समय में तेज होंगी। इंटरनेट पर पत्रकारिता करने वालों को भी सतर्क होकर काम करना होगा और आईटी एक्ट, मानहानि और अदालत तथा संसद-विधानसभा की अवमानना आदि कानूनी प्रावधानों को जानना होगा। परम्परागत पत्रकार आमतौर पर सत्ता के साथ तालमेल बिठाकर काम करता है और विषम परिस्थितियों में मीडिया संस्थान की ताकत उसके साथ होती है। यह सुविधा इंटरनेट पर काम करने वाले नए तरह के पत्रकारों को हासिल नहीं है। अगर वे सत्ता के साथ मिलकर काम करते हैं तो उनके होने का कोई मतलब नहीं है और जब वे सत्ता के विरुद्ध होंगे, तो उन्हें सत्ता के क्रोध का सामना करने के लिए तैयार रहना होगा।

क्या इंटरनेट भारत में भी प्रतिरोध का औजार साबित होगा? इस सवाल का जवाब अभी भविष्य के गर्भ में हैं। इंटरनेट अपनी संरचना की वजह से सम्भावनाएँ जरूर जगाता है। यह अपेक्षाकृत सस्ता माध्यम है। कोई व्यक्ति बेहद मामूली खर्च में इंटरनेट के जरिए अपनी बात लोगों तक पहुँचा सकता है। यह माध्यम आम लोगों की पहुँच के अन्दर है। विज्ञापनों के दबाव के बिना भी यह काम करता है। अभी तक के अनुभव बताते हैं कि सरकार इसकी पहरेदारी तो कर सकती है, लेकिन यह आसान नहीं है। सरकारी पहरेदारी से बचकर इंटरनेट के जरिए अपनी बात कहने के कई मॉडल दुनिया में हैं। चीन, म्याँमार, ईरान, मिस्र, ट्यूनीशिया, यमन, जॉर्डन आदि देशों में लोगों ने सरकारी पाबन्दियों के बावजूद इंटरनेट को प्रतिरोध का हथियार बनाया। विकीलीक्स ने इसकी सम्भावनाओं को और विस्तार दिया है क्योंकि दुनिया ने यह देखा कि विश्व

महाशक्ति और उसके यूरोपीय संगी-साथियों की कोशिशों के बावजूद विकीलीक्स पर पहरा नहीं बिठाया जा सका।

लेकिन भारत में प्रतिरोध के औजार के रूप में इंटरनेट के विकसित होने में कुछ बाधाएँ हैं। सबसे बड़ी बाधा तो यह है कि भारत में इंटरनेट की पहुँच सीमित है। सिर्फ 8 फीसदी आबादी इंटरनेट के दायरे में है और ब्रॉडबैंड कनेक्शन तो एक फीसदी लोगों तक भी नहीं पहुँच पाया है। दूसरी बात यह भी है कि भारत में इंटरनेट अब भी मुख्य रूप से एक शहरी परिघटना है और वहाँ भी यह सबसे पहले इलीट के हाथ में पहुँचा। भारत में बदलाव की सबसे ज्यादा जरूरत ग्रामीण, गरीब और नीची कही जाने वाली जाति के लोगों को है जबकि इंटरनेट तक ज्यादा पहुँच शहरी, इलीट और ऊँची जाति के लोगों की है। इसलिए देश के वंचितों के बीच संगठक के तौर पर इंटरनेट की सीमित भूमिका ही हो सकती है। इसमें भाषा की अड़चन भी है। भारत में इंटरनेट की भाषा मुख्य रूप से इंग्लिश है। ऐसा इसलिए भी है क्योंकि यही देश के इलीट की भी भाषा है। भारत की आबादी के बड़े हिस्से तक इंटरनेट के पहुँचने में भाषा एक बड़ी बाधा है।

इस बात की भी अनदेखी नहीं की जा सकती कि भारत में इंटरनेट पर समाचार के क्षेत्र में बड़ी कॉरपोरेट कम्पनियों की काफी धाक है। एलेक्सा रेंकिंग* के मुताबिक भारत में समाचार देने वाले टॉप साइट्स को देखें तो सबसे ऊपर ये चार नाम आते हैं–याहू, रीडिफ, इंडियाटाइम्स और इन डॉट कॉम। इसके अलावा ज्यादातर पॉपुलर न्यूज साइट वही हैं, जिनके अखबार भी चलते हैं। इस तरह से इंटरनेट पर समाचार के मामले में स्वामित्व की वही स्थिति है जो प्रिंट और टेलीविजन में है। इन स्थितियों में भी इंटरनेट पर सूचनाओं और समाचारों की छापामारी सम्भव है। साइट और ब्लॉग से लेकर सोशल नेटवर्किंग और वीडियो शेयरिंग के जरिए अपनी बात पहुँचाने का यह एक जरिया है। वैकल्पिक पत्रकारिता के लिए इस समय इंटरनेट एक उपयुक्त माध्यम है। तमाम सीमाओं के बावजूद इंटरनेट ने जन-संवाद और जन-संचार के क्षेत्र में सम्भावनाओं के नए द्वार खोले हैं।

---

* http://www-alexa.com./topsites/countries;0/IN (15 फरवरी, 2011 के आँकड़े)

फेसबुक का समाज और हमारे समाज में फेसबुक

आशीष भारद्वाज

दुनिया-भर में हाल के जन-आन्दोलनों में फेसबुक और अन्य सोशल नेटवर्किंग साइट्स की भूमिका सराही गई है, जबकि इन माध्यमों की राजनीतिक और सामाजिक सीमाओं पर शोधकर्ताओं का ध्यान कम ही गया है। सामाजिक विज्ञान और पत्रकारिता के छात्रों में भी नए तकनीकी परिप्रेक्ष्य की अन्तर्वस्तु के सवाल पर या तो प्रशंसा का भाव है, या फिर नकार का। फेसबुक में अकाउंट होना आर्थिक सम्बन्धों की तरह ही स्टेटस का प्रतीक है। आपकी प्रोफाइल और स्टेटस अपडेट आपके होने और कुछ भी कह सकने की सबसे नई आजादी है। शहरी खाए-अघाए नौजवानों के लिए यह मध्यवर्गीय चारदीवारी से बाहर झाँकने का मौका है, साथ ही, संवेदनाओं के वर्चुअल हो जाने का भी। यह सदियों से पीछे चल रहे समूहों और समुदायों के बेहद जरूरी सवालों को पूरी धमक के साथ सामने भी ला रहा है। लैंगिक सम्बन्धों में खुलापन जहाँ पब्लिक स्फीयर को एक स्तर पर सन्तुलित कर रहा है, वहीं इसकी दशा और दिशा को लेकर भी नौजवान भ्रम में हैं। यह ऑनलाइन व्यक्तित्व को प्रोमोट करने के साथ ही, अपने व्यक्तित्व को प्रोफाइल्स के महासमुद्र में डुबो देने जैसा है। इस नई परिघटना पर समाज की प्रतिक्रिया कई रूपों में प्रकट हो रही है।

आने वाला वक्त सोशल मीडिया का है, इसमें किसी शक-शुबहे की गुंजाइश अभी तक तो नहीं दिख रही। परम्परागत मीडिया ने भी सोशल मीडिया की महत्ता को इसके शैशव काल में ही पहचान लिया है। जहाँ एक तरफ उनकी परम्परागत कमाई में ढलान का दौर है, वहीं दूसरी तरफ यही पुराने माध्यम नए सोशल मीडिया को अपनाकर नए तरीकों से अपनी बैलेंस शीट का सन्तुलन बनाए रख पा रहे हैं। हमारे देश में साठ हजार से अधिक अखबारों और सैकड़ों टीवी चैनलों के बावजूद करोड़ों की संख्या में इंटरनेट यूजर्स हैं। यह संख्या तेजी से बढ़ रही है। कई नेटवर्किंग साइट्स, इंटरनेट पर मौजूद कई अन्य सेवाएँ और

सुविधाएँ लोगों के आम जीवन का हिस्सा बनती जा रही हैं। हमारे देश में केवल फेसबुक के तकरीबन तीन करोड़ यूजर्स हैं जिनकी संख्या आने वाले वक्त में बढ़ने की ही सम्भावना है। माना जा सकता है कि ऐसे माध्यमों पर हमारी निर्भरता बढ़ेगी और साथ ही, ऐसे सवाल भी सामने आने शुरू होंगे जिन्हें अभी तक कोई खास तवज्जो नहीं दी जा रही है। इन सवालों का दायरा बहुत बड़ा है और इनकी जद में हमारे जीवन के महत्त्वपूर्ण राजनीतिक, सामाजिक और सांस्कृतिक जवाब छुपे हुए हैं। सोशल मीडिया में हमारी स्वैच्छिक भागीदारी को केवल व्यक्तिगत दायरे में समझा जाता रहा है। अब तक हो रही इन आत्मकेन्द्रित व्याख्याओं से आगे निकलकर ही सोशल मीडिया को सही तरीके से समझा जा सकता है।

भारतीय परिस्थितियों में भी तमाम छोटे-बड़े पत्रकार न्यू मीडिया या सोशल मीडिया को हस्तक्षेप का प्रभावी माध्यम मानने लगे हैं। कॉरपोरेट पत्रकारिता से तंग आ चुके लोग भी इस माध्यम को विश्वसनीय मानते हैं। मुख्यधारा के मीडिया के दायरे से बाहर के वो लोग, जो पत्रकारिता करना चाहते थे, अब इन माध्यमों की वजह से पढ़े और सुने जा रहे हैं। इस विस्तार ने न सिर्फ समाचार और विचार की विविधता को पुष्ट किया है बल्कि अपने यूजर्स के दैनिक जीवन में कई परिवर्तन किए हैं। सोशल मीडिया की वैचारिकी और बौद्धिकता के स्थापित होने की प्रक्रिया जारी है। मीडिया के परम्परागत और नए अवतार के बीच विश्वास का ह्रास और विश्वास की पुनर्बहाली ही वह पहलू है जो इसकी निरन्तरता और परिवर्तन को समझने में हमारी मदद कर सकता है। पुराने मीडिया के संक्रामक रोगों के वायरस सोशल मीडिया को भी बीमार कर सकते हैं, और इस तरह के छिटपुट लक्षण दिखने भी शुरू हो गए हैं। 'ले मोंद डिप्लोमेटीक' में छपे एक लेख में मियासे क्रिस्टेनसेन ने कहा है कि इंटरनेट की दुनिया में सब कुछ कॉमर्स है।

दूसरी तरफ, इन तकनीकी दुधारी तलवारों ने हाल ही में कई मुल्कों में लोकतंत्र के पक्ष में जन-गोलबन्दी को सम्भव बनाया। ऐसा नहीं था कि इन आन्दोलनों का कोई पासवर्ड था जिसे डालते ही लोग सड़कों पर उतर पड़े। सड़कों पर न उतर पाने की मजबूरी ने जनता को फेसबुक के वॉल पर संघर्ष शुरू करने की प्रेरणा दी। फेसबुक के कर्ता-धर्ता भी इस आन्दोलन की पूरी संजीदगी से तैयारी कर रहे थे। अपने देश में जन लोकपाल आन्दोलन में भी इन सोशल नेटवर्किंग साइट्स की महत्त्वपूर्ण भूमिका रही और अन्ना को फेसबुक पर पसन्द करने वालों की संख्या लाखों में थी। इससे यह सवाल भी सामने

आता है कि किस तरह सोशल नेटवर्किंग साइट्स परम्परागत राजनीति के तौर-तरीकों को बदल दे रही हैं। इससे आगे और भी गम्भीर सवाल सामने आते हैं, मसलन–एक नितान्त निजी औजार के बतौर क्या यह माध्यम सबकी निजता को पब्लिक स्फीयर में जमा कर रहा है? डिजिटल भविष्य के सम्भावित खतरे को लेकर एक सामान्य यूजर की क्या राय है? आजादी के बिगुल की बजाय क्या ये साइट्स दमन का औजार भी बन सकती हैं? आखिरकार, इन साइट्स के मुफ्त होने की क्या कीमत है?

शुरुआत से अब तक

सोशल नेटवर्किंग साइट्स की शुरुआत हुए अभी बहुत ज्यादा वक्त नहीं बीता है। इसके प्रभाव का अन्दाजा इस तथ्य से भी लगाया जा सकता है कि इसने हमारे बात करने और साझा करने के तौर-तरीकों में काफी परिवर्तन कर दिए हैं। यह कहना भी एक जुमले की शक्ल ले चुका है कि इस माध्यम ने संचार की पूरी प्रक्रिया को ही बदलकर रख दिया है। इसकी ताकत बढ़ने के साथ ही, संचार की दुनिया के मौजूदा ताकतवरों से इस माध्यम का टकराव भी बढ़ा है लेकिन अब तक यह टकराव मैत्रीपूर्ण ही रहा है। इसके मालिकाना हक के लिए मौजूदा मीडिया मुगलों ने दूरगामी योजनाएँ भी बनाई हैं और पिछले एक दशक में पारम्परिक मीडिया समूहों ने सोशल मीडिया में भारी मात्रा में निवेश किए हैं।

सोशल नेटवर्किंग साइट्स मौजूदा समाज और राजनीति में वैश्विक स्तर पर दखल रखती हैं। नए माध्यम का इतने कम वक्त में इतना निर्णायक स्थान पा लेना महज इत्तेफाक नहीं है। ताकतवर देशों के मुखियाओं से लेकर अरब देशों के साधारण नौजवानों तक–सब इसकी सीधी जद में हैं। मुख्यधारा का मीडिया भी न्यू मीडिया की ताकत को महसूस कर रहा है। ऐसे वक्त में इन माध्यमों से मिली ताकत का इस्तेमाल कई दिशाओं में एक ही साथ होने से एक अराजक भविष्य का खतरा हम सबके सामने है। करोड़ों की संख्या में दर्ज हो रहे अपडेट्स से कोई सूत्र हाथ नहीं लगता, इनका कोई पैटर्न समझ में नहीं आता। फिर भी ये साइट्स व्यक्तिगत मुक्ति के साधन के बतौर प्रचारित और प्रसारित किए जा रहे हैं।

1997 में पहली सोशल नेटवर्किंग साइट बनी और 15 सालों में इन साइट्स का फलक बहुत ज्यादा विस्तारित हो चुका है। अगर दुनिया-भर में सरकारों का

अपना नजरिया है तो फेसबुक की भी अपनी ग्लोबल चिन्तन प्रक्रिया है जो समय, दशा और दिशा के मुताबिक एकाकार भी हो जाती है। 4 फरवरी, 2004 को फेसबुक लॉन्च होने के साथ कई समीकरण बदलने शुरू हो गए। इस साइट को अस्तित्व में लाने वाले मार्क जकरबर्ग की उम्र उस समय महज 19 साल थी। ज्ञात हो कि फेसबुक पर अधिसंख्य यूजर्स युवा ही हैं।

हार्वर्ड के घरेलू नेटवर्किंग साइटों की होड़ में फेसबुक ज्यादा 'कूल' और सम्भ्रान्त दिखने वाला साइट था। संयुक्त राज्य अमेरिका में 'माइ स्पेस' ने पहले से ही नौजवानों में धूम मचा रखी थी लेकिन इसकी अपनी अन्तर्निहित कमजोरियाँ थीं। 'माइ स्पेस' कॉलेज से ज्यादा एक मिडिल स्कूल साइट की तरह नजर आता था। यह कहा जाने लगा कि फेसबुक अच्छे लोगों का नेटवर्क है, जबकि माइ स्पेस बुरे लोगों का। इस तरह के प्रचार के पीछे 'वर्गीय तर्क' भी थे। कमोबेश इसी तरह के तर्क भारत में भी सुने जा सकते हैं कि किस तरह ऑरकुट का रंग-बिरंगा होना 'केटल क्लास' में होने जैसा है। फेसबुक अपने पेज में केवल नीले और सफेद रंगों का इस्तेमाल कर, जाहिर करता है कि इसका इस्तेमाल ब्लू और सफेद कॉलर नौकरी वाले ही करते दीखते हैं। यहाँ तक कि हाल ही में मिस्र के आन्दोलन की अगुआई वाएल गोनिम करते दिखे जो गूगल में काम करते थे। दूसरी तरफ, अमेरिकी फौज में माइ स्पेस पर इसी वजह से प्रतिबन्ध लगा दिए गए क्योंकि इस साइट पर खुले तौर पर वर्ग-विभाजन दिखना शुरू हो गया था। अगर सारे सैनिक माइ स्पेस पर थे तो सेना के ऑफिसर फेसबुक पर। इराक में तैनात कोई सैनिक अगर ये सवाल माइ स्पेस पर पूछ रहा था कि वो इराक में आखिर कर क्या रहा है, तो निश्चित तौर पर अमेरिकी लिहाज से यह अभिव्यक्ति की स्वतंत्रता के दायरे से बाहर का सवाल था।

अमेरिका आज भी कई गैर-जरूरी युद्धों में शामिल है और अमेरिकी जमीन पर इसका वाजिब विरोध भी होता रहता है। सोशल मीडिया इसमें भी जरूरी भूमिका निभाता है। नए मीडिया ने विरोध कर सकने के लिए नए दरवाजे खोल दिए हैं और लोग इसका इस्तेमाल भी कर रहे हैं। तभी तो विकीलीक्स जैसी साइट्स और जूलियन असांज जैसे लोग सबसे बड़ी ताकतों का विरोध करके भी न सिर्फ सफल हैं बल्कि प्रभावशाली भी। इंटरनेट पर मिल रही आजादी को और आगे ले जाने की जरूरत है ताकि इसे बचाया जा सके। इसके लिए यूजर्स में इस बात का अधिकार भाव भी होना चाहिए कि एक तरह से इस वेब दुनिया में उनकी अपनी जमीन भी है। विभिन्न सरकारें इस तरह की आजादी से भी नाखुश हैं और इसके पर कतरने की शुरुआत भी हो चुकी है। यूजर्स में इस

बात को लेकर जागरूकता जरूरी है ताकि वे तय कर सकें कि इन कोशिशों का क्यों, कब, कहाँ और कैसे विरोध किया जा सके। हमारी डिजिटल दुनिया में हमारी ही मदद से हम पर नजर रखी जा रही है और अगर हम चाहें तो हम भी उन पर नजर रख सकते हैं।

तकनीक समाज में चल रही गतिविधियों से इतर नहीं होती। अगर समाज में भौतिक और राजनीतिक विभाजन हैं तो इसका तकनीकी अनुवाद भी साथ ही चल रहा होता है। आज के दौर में कौन कितना बड़ा नेता है, इसका एक पैमाना फेसबुक या ट्विटर के पेज भी हैं। मसलन, अमेरिका की कमजोर मानी जाने वाली रिपब्लिकन नेता सारा पालिन फेसबुक पर तीस लाख से भी ज्यादा समर्थकों में पसन्द की जाती हैं। फेसबुक की लोकप्रियता का यह आलम है कि 2006 के बाद गूगल के सर्च इंजन पर जीसस से ज्यादा लोकप्रिय फेसबुक है।

सोशल नेटवर्किंग का अब तक का सफर कई पड़ावों से गुजर चुका है। पश्चिम के कई शोधकर्ताओं ने, जिनमें अधिकतर किसी न किसी उद्योग क्षेत्र से जुड़े हैं, सोशल नेटवर्किंग पर महत्त्वपूर्ण शोध किए हैं। इनमें इस तथ्य को समझने की कोशिश की गई है कि किस तरह सोशल नेटवर्किंग साइट्स के इर्द-गिर्द पहचान आधारित सवालों से जुड़े समूह नए तरीकों से लोगों को अपनी राजनीति से जोड़ रहे हैं।

ये मीडिया-वो मीडिया

भारत और वैश्विक अनुभवों के बाद मुख्यधारा के मीडिया को लेकर भ्रम कम हुए हैं। अब कोई भी जानने-समझने वाला आदमी सोच सकता है कि उसे किस तरह बरगलाया जा रहा है। मुख्यधारा के मीडिया का नाकारापन संचार के अन्य माध्यमों को भी फलने-फूलने का मौका दे रहा है। दूसरी तरफ, खबर तक खुद ही पहुँचने की ललक ने भी लोगों को अन्य माध्यमों पर अपनी जमीन तलाशने के लिए प्रेरित किया है। चैनल डैमेज कंट्रोल के तेवर में नजर आने लगे हैं और अखबार बिकाऊ। चिन्तकों ने 2009-10 को भारतीय समाचार माध्यमों की विश्वसनीयता के क्षय का अब तक का सम्भवतः सबसे निचला स्तर कहा है। वैश्विक स्तर पर ऐसे पैटर्न पहले से ही दिखने शुरू हो गए थे। अब अगर एक ही मर्डोक के पास 127 अखबार हों तो वह सरकारें बनाया और बिगाड़ा ही करेगा और जनता के वाजिब सवाल हाशिए पर भेजता रहेगा। अखबारों और चैनलों में खुद के सवालों और सुझावों को नदारद देख व्यक्ति व्यक्त कर सकने

वाले माध्यम की ओर ही पलायन करेगा। कमोबेश यही हो भी रहा है। चूँकि सोशल मीडिया इन अर्थों में स्वैच्छिक भागीदारी वाला माध्यम है इसीलिए इसे लोकप्रिय होने में ज्यादा वक्त नहीं लगा। जब तक सोशल मीडिया के बारे में स्थापित सत्य टूटने शुरू नहीं हो जाते, यह तो माना ही जा सकता है कि इसने आम आदमी को पत्रकारिता का हथियार पकड़ा दिया है। नागरिक पत्रकारिता के लिहाज से भले ही यह अच्छा हो पर हर यूजर को पेशेवर पत्रकार मान लेना अतिउत्साह होगा। फिलहाल सोशल मीडिया ने बढ़त बनाई है लेकिन इस बढ़त को किस स्तर के मुनाफे को ध्यान में रखकर प्रोमोट किया जा रहा है, इसे और तफसील से समझने की जरूरत है। भारत में जब कई नए चैनल खुलने वाले थे, उसी समय लोगों को ब्लॉग के रूप में इंटरनेट पर जगह मिलने लगी जो पूरी तरह से मुफ्त थी। लेकिन इतने दिनों में ब्लॉगिंग में कोई बड़ा हस्तक्षेप नहीं दिखा। हजारों ब्लॉग गुमनामी की गर्त में चले गए। लेकिन न्यू मीडिया ने सोशल नेटवर्किंग साइट्स के रूप में पुनर्जीवन प्राप्त किया है। यह परम्परागत मीडिया के मुकाबले बहुत तेज गति से सफर करता है और इसकी ब्रांड वैल्यू भी गुणात्मक रूप से अधिक है। यहाँ तक कि तमाम बड़े अखबारों के टिके रहने के लिए उनकी ऑनलाइन उपस्थिति बहुत जरूरी हो गई।

यह कहना हालाँकि जल्दबाजी होगी पर संचार के परम्परागत माध्यमों के लिए इस नए मीडिया ने खतरे उत्पन्न किए हैं। दो अलग चरित्र वाले मीडिया के बीच आने वाले दिनों में कैसा रिश्ता बनेगा, यह देखना काफी रोचक होगा। क्या यह मान लेना उचित होगा कि सोशल मीडिया के आगमन से पारम्परिक मीडिया की स्थिति एक कदम आगे-दो कदम पीछे वाली हो गई है?

सुर्खियों का गोदाम : यहाँ थोक भाव में सुर्खियाँ मिलती हैं

निश्चित ही यह तथ्य आपका भी ध्यान खींचता होगा कि सोशल मीडिया के सबसे बड़े खिलाड़ी समूह लगातार विवादों और सुर्खियों में बने रहते हैं। बाजार, उपभोक्ता, अधिग्रहण, पेटेंट और दौड़ में बने रहने के लिए कई किस्म की तिकड़में चलती रहती हैं। सिलिकन वैली और इससे बाहर खबरों का लगातार प्रवाह बना रहता है। इसे अगर एक पी आर रणनीति की तरह देखा जाए तो पता चलता है कि यह गहरे उतरकर बुना गया है। गूगल प्लस के टेस्ट फेज के दौरान ही इस तरह की खबरें आने लगीं कि इस साइट पर मार्क जकरबर्ग को पसन्द करने वालों की संख्या लैरी पेज (गूगल के सह-संस्थापक और वर्तमान

में सीईओ) से ज्यादा है। दूसरी तरफ गूगल प्लस ने लगभग एक अभियान की शक्ल में यह प्रचारित करना शुरू किया कि फेसबुक सूचनाओं की 'ओवरशेयरिंग' कर देता है जबकि ट्विटर इसकी 'अंडरशेयरिंग' करके इसे वाजिब लोगों तक भी नहीं पहुँचने देता है। पेटेंट के सवाल पर पहले ही सेवाप्रदाता एक-दूसरे से तीखी लड़ाई लड़ रहे हैं। स्मार्टफोन सेगमेंट पर अधिक से अधिक कब्जे के लिए इन कम्पनियों की तरफ से सैकड़ों करोड़ खर्च किए जा चुके हैं। यह जंग अभी आगे भी खिंचेगी।

सोशल नेटवर्किंग साइट्स का दायरा चूँकि वैश्विक है, सो दुनिया की किसी भी हलचल में इसके होने की गुंजाइश बढ़ जाती है। किसी नेटवर्किंग साइट पर बरसों से बिछड़े हुए माँ-बेटों के मिलने के उदाहरण भी हैं, साथ ही, कुछ समय पहले लन्दन में हुए दंगों में ट्विटर जैसे साइट्स की भूमिका भी उजागर हुई है। चूँकि यह माध्यम कनेक्ट होने, शेयर करने और लाइक और टिप्पणी करने पर टिका हुआ है, अतः आलोचनाएँ और विवाद भी स्वतः ही सार्वजनिक हो जाते हैं। फेसबुक और अन्य सोशल नेटवर्किंग साइट्स से जुड़े विवादों को मुख्यतः तीन हिस्सों में बाँटकर देखा जा सकता है–

1. प्राइवेसी और नैतिकता के मसले,
2. राजनीतिक हस्तक्षेप का डर,
3. वर्चुअल को असल समझने का भ्रम या नशा।

फेसबुक की शुरुआत के वक्त से ही प्राइवेसी का जिन्न बाहर आता रहा। मार्क जकरबर्ग पर प्रतिद्वन्द्वी नेटवर्कों की साइट हैक करके उनके बेजा इस्तेमाल के अलावा अपने यूजर्स के खरीद-फरोख्त के पैटर्न बाजार में बेचने के आरोप भी लगे। फेसबुक को इस दौरान कई बार माफी माँगनी पड़ी और अपनी प्राइवेसी सेटिंग को मजबूत बनाने की दलीलें भी खर्च करनी पड़ीं। अमेरिकी कांग्रेस ने भी फेसबुक को फटकार लगाई और विदेशी सरकारों से फेसबुक के रिश्तों पर साफगोई से सामने आने को कहा। न्यायालय में पहुँचे विवाद की वजह से जकरबर्ग द्वारा विन्कल्वौस भाइओं का फेसबुक का आइडिया चुराए जाने की खबरें अखबारों में आती रहीं। हॉलीवुड की एक फिल्म 'सोशल नेटवर्क' की मार्फत यह बात घर-घर में पहुँचा दी गई। हार्वर्ड विश्वविद्यालय की जिन्दगी का खुलापन, विभिन्न क्लबों में शामिल होने की छात्रों की होड़ और इनके बीच एक मध्यवर्गीय यहूदी लड़का, जिसने 12वीं के बाद ही माइक्रोसॉफ्ट की लाखों डॉलर की नौकरी ठुकरा दी थी। अपनी अराजकता के दौरान ही मार्क जकरबर्ग ने फेसबुक का खाका बुनना शुरू किया था। आज अगर फेसबुक नैतिकता के

स्थापित मानदंड तोड़ दे रहा है तो इस पर प्रगतिशील होने के आरोप भी लगाए जा सकते हैं। साथ ही, यह बात भी ध्यान में रखने की है कि इन माध्यमों पर महिला यूजर्स की संख्या अभी कम है। फेसबुक के कुल यूजर्स में महिलाओं की संख्या एक-चौथाई के करीब है। आज के दौर में सोशल नेटवर्किंग के तमाम खिलाड़ी ज्यादा लोगों तक पहुँचने की होड़ में निजता के जरूरी सवालों को दरकिनार कर दे रहे हैं। गूगल ने अपनी नेटवर्किंग साइट गूगल बज के धराशायी होने के बाद गूगल प्लस को मैदान में उतारा है जिसमें उनका सबसे ज्यादा फोकस निजता की रक्षा के मसले पर ही है। ब्लैकबेरी की मैसेंजर सेवा कई सरकारों की नजर में चढ़ने के बावजूद इसलिए भी सुरक्षित है क्योंकि वे अपने ग्राहकों की निजता को सबसे ऊपर समझते हैं।

मिस्र में सत्ता के खिलाफ जनता के आन्दोलन के बाद पूरी दुनिया का ध्यान फेसबुक की राजनीतिक क्षमताओं पर भी गया। कहा गया कि लगभग एक दर्जन फेसबुक पेज की बदौलत वहाँ का मिडिल क्लास काहिरा के तहरीर चौक पर जमा होता रहा। दूसरी तरफ, अमेरिका में फेसबुक की राजनीति पर बहस गरमा गई। कारोबार में आए खलल का हिसाब फेसबुक से माँगा जा रहा था। दी जा रही आजादी की मात्रा कम करने के लिए फेसबुक पर दबाव बढ़ रहा था। साथ ही, ऐसी खबरें भी आ रही थीं कि मिस्र का घटनाक्रम फेसबुक की देखरेख में चल रहा है। मिस्र में जब आन्दोलन शुरू हुए तो सब कुछ पाक-साफ दिख रहा था जबकि दुनिया के आम लोगों के जानने से बहुत पहले से फेसबुक की एड-सेल्स टीम इस प्रोजेक्ट पर लगी हुई थी। अल जजीरा को भी अमेरिका और यूरोप में वफादार ऑडिएंस की तलाश थी। मिस्र में सत्ता विरोधी आन्दोलन के दौरान फेसबुक के मुबारक विरोधी पन्ने पर फैन वॉल्यूम की लगभग आधी संख्या मिस्र से बाहर के लोगों की थी। इसके लिए खुद अल जजीरा ने पाँच लाइव स्ट्रीमिंग करवाए थे ताकि यूजर ट्रैफिक सामान्य रहे। यह डिजिटल युग का आन्दोलन था। पूरी दुनिया में तयशुदा स्क्रिप्ट के मुताबिक सन्देश गया। इन सन्देशों की क्या प्रकृति थी, यह भी एक रोचक सवाल है। बहरहाल, पिछले कुछ समय में फेसबुक अरब बाजारों में मजबूत हुआ है और अल जजीरा को अमेरिका और यूरोप में टिकाऊ पाठक और दर्शक मिले हैं। यह आन्दोलनों से ग्लोबल मुनाफा कमा लेने का भी युग है। यहाँ तक कि पिछले तीन साल में आर्थिक मन्दी का हौवा खड़ा करके भी अधिक से अधिक मुनाफा बटोरने की कोशिश बहुराष्ट्रीय कम्पनियों ने की है। नए डिजिटल मैदानों के आ जाने के बाद से जनता के बड़े हिस्सों में पहुँचना अब बहुत मुश्किल नहीं रहा है और विभिन्न आन्दोलनों के दौरान

डिजिटल मैदानों पर तुरन्त ही अतिरेकपूर्ण चहल-पहल शुरू हो जाती है। घरेलू जमीन पर हो रहे आन्दोलनों के सन्दर्भ में भी यह पैटर्न काम करता है।

भले ही फेसबुक प्रबन्धन राजनीतिक रूप से बेहद आक्रामक न हो, पर अपने यूजर्स की तमाम राजनीतिक ऊहापोह को छुपाकर भी नहीं रख सकता। लोग अपनी खुशियों के अपडेट के अलावा दुःख और दमन के अपडेट भी डालते ही रहेंगे। इस तरह से फेसबुक या अन्य सोशल मीडिया पर क्षेत्रीय दशा-दिशा दर्शाने वाली बातों की घुसपैठ बढ़ेगी, जो काफी हद तक जायज भी है। इससे एकध्रुवीय दुनिया के आकाओं को कोफ्त तो होगी ही। अमेरिका में फेसबुक पर प्रतिबन्ध लगाने की बातें तेज होनी शुरू हुई थीं कि फेसबुक के प्रवक्ता एन्ड्रयू नोएस ने साफ कर दिया कि फेसबुक पर प्रतिबन्ध लगाना वैश्विक समुदाय से जुड़ा मसला है। मतलब यह कि फेसबुक कहीं भी पनाह ले सकता है क्योंकि यह एक वैश्विक मामला है और इसकी साख अमेरिका से बाहर भी है। दूसरी तरफ, अमेरिका आजकल अपने घरेलू मामलों में इतना उलझा हुआ है कि नए मीडिया के मालिकों से उलझकर अपनी छवि और आमदनी को नुकसान नहीं पहुँचाएगा। मीडिया विशेषज्ञ गलत नहीं कहते कि इंटरनेट और सोशल नेटवर्किंग साइट्स ऐसी तलवारें हैं जिनकी तेज धार हर तरफ लगती है। यूजर्स तक अपनी सीधी पहुँच की वजह से यह एक परा-राष्ट्रीय संरचना नजर आती है लेकिन इस तरह के माध्यमों की कुंजी महज कुछ हाथों में सिमटी हुई है।

पत्रकारों का एक हिस्सा इन माध्यमों को सूचना के अपार भंडार की तरह समझता है और उनके अपडेट्स में यह गहराई नजर भी आती है। जिज्ञासु लोगों के लिए यहाँ भी काफी कुछ है जिसका बेहद सकारात्मक इस्तेमाल किया जा सकता है। सिटी यूनिवर्सिटी, लन्दन में पत्रकारिता के शिक्षक और जाने-माने ब्लॉगर रॉय ग्रीनस्लेड कहते हैं कि हर पल हमारे लोकतंत्र पर हमले हो रहे हैं, जबकि उनका सामना करने के लिए वेब पत्रकारिता बहुत कमाल का औजार है। वे कहते हैं कि पत्रकारिता को और अधिक लोकतांत्रिक बनाने के लिए वेब मीडिया का इस्तेमाल जरूर किया जाना चाहिए क्योंकि पुराना मीडिया अपने घुटनों पर है और इसमें लोकतांत्रिक फेरबदल की गुंजाइश भी कम ही बची है।

फेसबुक एक मानसिक हस्तक्षेप की तरह भी हम सबके जीवन में घुसा है। इनके बारे में हुए शोध बताते हैं कि नौजवान लड़के और लड़कियाँ सुबह उठकर सबसे पहले अपना फेसबुक पेज खोलते हैं, बाथरूम खोलने से भी पहले। शहरों में फेसबुक रस्मोराह का बिन्दास माध्यम माना जाने लगा है। इसने नौजवानों में फेस दिखाऊ प्रवृत्ति को शह दी है। यह आभासी रूप से आपका अस्तित्व

गढ़ता है और यूजर वर्चुअल को असल समझ लेने की गलती कर बैठते हैं। इसका असर बढ़ते जाने का आलम यह है कि चीन और कई अन्य देशों में ऐसे साइबर क्लीनिक खुले हैं जो साइबर एडिक्ट्स का इलाज करते हैं। इन आलोचनाओं और विवादों की जड़ें काफी गहरी हैं और फेसबुक और इस तरह की साइट्स का भविष्य कहीं न कहीं इस जड़ से भी खाद-पानी लेता है। लगातार खबरों में बने रहना ही आज के दौर में सफलता और ऊँचाई का मतलब समझा जाता है। फेसबुक आने वाले दौर में भी खबरों, आलोचनाओं और विवादों में घिरा रहेगा, ऐसा इसका इतिहास इशारा करता है।

बाजार की अपार सम्भावनाएँ

अगस्त 2010 में फेसबुक यूजर्स की कुल संख्या 50 करोड़ थी, जो मई 2012 में 90 करोड़ से ज्यादा हो गई। फेसबुक का ऐसा अद्भुत विस्तार मीडिया विशेषज्ञों को भी चकमे में डाल देता है। 2010 में जब यह खबर आई कि फेसबुक की पब्लिक ऑफरिंग हो सकती है तो दुनिया के रईसों में सिहरन दौड़ गई कि भविष्य के गूगल या एप्पल का कुछ शेयर उन्हें भी मिल जाए। एक बहुराष्ट्रीय कम्पनी गोल्डमैन सैक्स ने इसी दौरान फेसबुक में 45 करोड़ डॉलर का निवेश कर दिया। 5 करोड़ डॉलर रूस की एक कम्पनी डिजिटल स्काई टेक्नोलोजिस ने भी लगाए। इसी वक्त 'टाइम मैग्जीन' ने लिखा कि गोल्डमैन सैक्स ने ऐसा निवेश कर एक 'स्पेशल पर्पज वेहिकल' बनाने कि कोशिश की है। सोशल मीडिया की ताकत को महसूस कर चुकी ये कम्पनियाँ इसे अपने ग्राहकों के डाटा बेस की तरह ज्यादा देखती हैं। फेसबुक आज के बाजार में एक ब्रांड के तौर पर बेहद स्थापित है।

अमेरिकी कानूनों के मुताबिक, किसी भी कम्पनी के 500 से अधिक शेयर धारक हो जाने के बाद उसके वित्तीय लेन-देन को सार्वजनिक करना पड़ता है। उस परिस्थिति में जब कुछ गिने-चुने लोग ही शेयर खरीदें और इन नेटवर्किंग साइट्स को नियंत्रित करें, तो किसी भी सरकार के लिए उसे पकड़ पाना मुश्किल होता है। कहना गलत न होगा कि सरकारें इन बड़े पूँजीपतियों के भरोसे से ही काम करती हैं। बदले हुए हालात में फेसबुक जैसी साइट्स अमेरिकी सरकार से भी आँख मिलाने की ताकत रखती हैं। हालाँकि ऐसी नौबत आने की सम्भावना कम है क्योंकि मौलिक रूप से फेसबुक और अमेरिकी सरकार में कोई अन्तर्विरोध नहीं है। यह साइट विकीलीक्स की तरह अक्खड़ या राजनीतिक नहीं है। यह अपनी सरकार पर हमले भी नहीं करती। यह अमेरिका की शर्मिन्दगी

का सबब तो कतई नहीं है। सबसे बड़ी बात यह है कि फेसबुक अमेरिका के बाजार-प्रधान रवैए के बिलकुल साथ खड़ा है। मार्क जकरबर्ग को दुनिया का सबसे नौजवान अरबपति होना पसन्द आता है। ऐसे में फेसबुक बाजार के पक्ष में ज्यादा झुक जाए तो यह कोई आश्चर्य की बात नहीं है। वैसे भी फेसबुक पर जरूरत से ज्यादा आजादी देने का मामला अमेरिका में बहुत पसन्द नहीं किया जा रहा है। फेसबुक का प्राइस वेल्युएशन दिन-ब-दिन बढ़ता जा रहा है।

सोशल मीडिया मार्केटिंग इसी बीच एक चर्चा-योग्य मुद्दे की शक्ल ले चुका है जिसे हर उद्योगपति जानना और समझना चाहता है। विज्ञापन और विस्तार के सन्दर्भ में सोशल मीडिया की भूमिका महत्त्वपूर्ण होती जा रही है। कई इंडस्ट्री रिपोर्ट्स के हवाले से यह तथ्य स्थापित भी किया जा रहा है कि बाजार ने अभी तक इस माध्यम का ज्यादा इस्तेमाल नहीं किया है और अब इसका वक्त आ चुका है। एक रिपोर्ट कहती है कि जिन उद्यमियों ने अब तक सोशल मीडिया का इस्तेमाल किया है, उनमें 85 फीसदी को बाजार में ज्यादा एक्सपोजर मिला है। इसी रिपोर्ट ने सोशल मीडिया के चार सबसे बड़े खिलाड़ी–ट्विटर, फेसबुक, लिंक्डइन और ब्लॉगर को बताया है। सोशल मीडिया में विज्ञापन अब किसी भी ब्रांड रणनीति का अभिन्न हिस्सा है जिसे गम्भीरता से लिया जा रहा है। जाहिर है, सोशल मीडिया के मालिक अपने बढ़ते प्रभाव को हर तरफ से चाक-चौबन्द रखना चाहते हैं। पेरिस में हुए ई-जी-8 की बैठक में उभरकर आया कि इंटरनेट पर नियंत्रण को लेकर सरकार, उद्योग जगत् और सिविल सोसाइटी के बीच कई मामलों पर मतभेद हैं। इसी बैठक में निकोलस सरकोजी ने तर्क दिए कि इंटरनेट की सम्पूर्ण क्रान्ति के लिए राज्य की भूमिका बेहद जरूरी है। खास बात यह है कि बैठक में सिविल सोसाइटी नदारद थी। यहीं पर मार्क जकरबर्ग ने एक सवाल के जवाब में कहा कि अरब देशों में जो कुछ हुआ, उसके लिए फेसबुक न ही पर्याप्त है और न ही सबसे जरूरी। ज्ञात हो कि ई-जी-8 बैठक में बातचीत का मुद्दा इंटरनेट अर्थव्यवस्था भी था और इस पहलू पर सरकार और मालिक लोगों में कम ही खटपट होती है। बाजार में निवेशकों का मनोबल बढ़ा रहे, इसके लिए ऐसी बैठकों में भ्रामक भरोसा भी तैयार किया जाता है।

अराजक भविष्य का फेस

सोशल नेटवर्किंग साइट्स ने व्यक्ति और समाज के आपसी रिश्ते को स्क्रीन पर उतारकर परिणामों का एक नया आयाम खोल दिया है। इसका दायरा मनोवैज्ञानिक

प्रभावों से लेकर नितान्त नीतिगत तक हो सकता है। बड़े पैमाने पर करोड़ों लोगों के जीवन की महत्त्वपूर्ण जानकारियाँ, मसलन—उनका प्रेम जीवन, उनके खरीदारी के पैटर्न, सामाजिक-राजनीतिक विचार और पहलकदमियाँ फेसबुक के पन्नों पर दर्ज हैं। इतनी सारी सूचना का एक साथ संकेन्द्रण अपने आपमें चिन्ता का विषय है। पर ऐसा माहौल बनाने की सचेत और सुनियोजित कोशिश की जाती है कि फेसबुक या अन्य सोशल नेटवर्किंग साइट्स वक्त की जरूरत हैं और उनसे जुड़ा न होना समाज के हाशिए पर होने जैसा है। इस नेटवर्क का चरित्र यह है कि इसके भीतर लोगों को दूसरों से मिलने के लिए एक वर्चुअल समाज की सदस्यता लेनी जरूरी होती है।

दुनिया में वर्ल्ड वाइड वेब (www) को बनाने वाले बर्नर्स ली ने कहा कि फेसबुक वेब के मूल सिद्धान्तों को तकनीक से अलग कर दे रहा है। फेसबुक और इन जैसी नेटवर्किंग साइट्स ने पूरी दुनिया में निजता का विस्तार कर दरअसल समाज को एक सोशल नेक्सस में बदल दिया है। गिरोहबन्दी में सम्भव है कि सुनियोजित तरीकों से हाशियाकरण की प्रवृत्तियों को बल मिले। इससे पहले मोरक्को के लोगों ने शिकायत की थी कि वहाँ की राजशाही इन साइट्स के माध्यम से लोगों पर कड़ी नजर रख रही है। 'नेट डेल्यूजन' के लेखक यूजेनी मोरोजोव ने लिखा भी है कि इस तरह के माध्यमों की वजह से राजशाहियों और दमनकारी राज्यों ने ताकत ही हासिल की है और यह ताकत सभी विरोधी ताकतों को अनायास मिल रही है। भोपाल में अगस्त 2011 में एक प्रसिद्ध आर.टी.आई. कार्यकर्ता शेहला मसूद की हत्या कर दी गई। हत्या से ठीक पहले उन्होंने अपने ट्विटर अकाउंट पर अपडेट किया था कि वे कहाँ जा रही हैं। दुनिया-भर में इस तरह के और भी उदाहरण हैं।

राजनीतिक पहलकदमियों के शुरुआती चरण के तौर पर इन माध्यमों का जरूर इस्तेमाल किया जाना चाहिए। कई लोग यह शिकायत करते भी मिल जाते हैं कि सोशल मीडिया पर गम्भीर बहस भी गैर-गम्भीर नजर आती है। यह कहना एक हद तक वाजिब भी है। पर बदलती हुई परिस्थितियों में कोशिश इस बात की होनी चाहिए कि सोशल मीडिया को चैनलों के न्यूज रूम में तब्दील न होने दिया जाए। ऐसा तभी सम्भव है जब हम इस पूरी परिघटना को एक महान क्रान्ति मानने की बजाय संचार को सुगम बनाने वाले एक माध्यम के बतौर देखें और इसका हरसम्भव सही इस्तेमाल करें।

इस नेटवर्क का यूजर दिन-ब-दिन अपनी भावुकता खो रहा है। 'न्यूयॉर्क टाइम्स' में मॉरीन दाऊद ने लिखा कि फेसबुक और ट्विटर जैसे माध्यमों के

लगातार इस्तेमाल से हमारी सामान्य मानवीय भावनाओं में शॉर्ट सर्किट जैसा कुछ हो गया है। एक्टिविस्ट भी धड़ल्ले से अपनी राजनीति का पूरा प्रचार इसी वर्चुअल संघर्ष के मैदानों में करते दिख रहे हैं और कई बार तो अपने असल संघर्ष से ज्यादा। सरकारें भी बदमिजाज लोगों पर नजर रखने के जरिए के बतौर इन्ही साइट्स का इस्तेमाल करती हैं। प्रेम का इजहार भी यहीं पर होता है और अकेलेपन के पेज को लाइक करने वाले भी यहीं पर मिल जाते हैं।

जिस प्रकार से आदिम मनुष्य प्रकृति में हो रही अद्भुत घटनाओं को अज्ञानवश आसमान में रहने वाले देवताओं की लीला समझने लगा, कमोबेश उसी शक्ल में आज सोशल नेटवर्किंग साइट्स और सोशल मीडिया का भी यशोगान चल रहा है। इन पर आँखें मूँदकर भरोसा करने का निष्कर्ष यह होगा कि हम यूजर्स भाव के अभाव वाली स्थिति में पहुँच जाएँगे। वेब की दुनिया एक अनसुलझे मैट्रिक्स की तरह है और इस दुनिया में परिवर्तन पल भर में हो जाते हैं। इसकी सम्भावनाओं और जटिलताओं का बहुत बड़ा विज्ञान है जिनके अधिकतर पहलुओं को एक आम यूजर नहीं जानता-समझता है। जबकि, इन माध्यमों के मालिक इंटरनेट के इर्द-गिर्द पनप गई विशाल अर्थव्यवस्था में इन जटिलताओं का हर सम्भव फायदा भी उठाते हैं। ऐसे में जरूरी यह है कि एक आम यूजर सम्भावित हानि से सचेत रहे। तकनीकी तर्कों के सहारे सारी बातें नहीं समझाई जा सकी हैं, अतः वेब की दुनिया को मानवीय तर्कों से भी समझना होगा। साथ ही, यह अपेक्षा करना भी नाजायज है कि यूजर्स उत्तम चेतना से लैस होकर ही इस माध्यम का इस्तेमाल करें। लेकिन इतनी अपेक्षा तो एक साधारण यूजर भी करता है कि उसकी व्यक्तिगत सूचनाओं का कोई भी गलत इस्तेमाल न करे। सेवा-प्रदाताओं को भी अपने यूजर्स को दिग्भ्रमित करने का कोई अधिकार नहीं है और पिछले दो दशकों के इंटरनेट अनुभव ने इस सन्दर्भ में हमारी समझदारी बढ़ाई ही है। सोशल मीडिया के उत्थान ने कई सवालों को जन्म दिया है। इस्तेमाल करने वाले लोगों को अपने सेवा-प्रदाता के बारे में जानने का पूरा हक भी है, खासकर उन सन्दर्भों में भी, जिनकी खबरें मुश्किल से बाहर आती हैं।

ashish-liberation@gmail-com

भाषा कम्प्यूटरी : हिन्दी विकास का नया दौर

अनुनाद सिंह

हिन्दी यात्रा में बहुत से उतार-चढ़ाव आए। आधुनिक युग में भारतेन्दु द्वारा रोपा गया हिन्दी का वृक्ष बीसवीं शताब्दी के पूर्वार्द्ध में बहुत तेजी से बढ़ा। तमिलनाडु के हिन्दी-विरोधी आन्दोलन एवं भारतीय मैकालेवादियों के षड्यंत्र के कारण मानो इस पर ग्रहण लगना शुरू हो गया। 21वीं शताब्दी के आरम्भ में नवीन तकनीकों के पदार्पण के कारण एक बार फिर हिन्दी के तीव्र विकास का सुअवसर समुपस्थित हुआ है। सभी हिन्दी-हितैषी इस सुअवसर को पहचानें एवं अपनी-अपनी भूमिका का निर्वहन करें तो इसे हिन्दी विकास का स्वर्णिम युग बनाया जा सकता है।

अवसर की पहचान

गोस्वामी तुलसीदास ने कहा है–'जब नीके दिन आइहैं बनत न लगिहैं देरि'। भाषाओं की तीव्र प्रगति राजनीतिक, सामाजिक एवं तकनीकी परिवर्तनों के कारण सम्भव होती है। प्रौद्योगिकी का परिवर्तन तीव्र परिवर्तन का काल होता है। प्रौद्योगिकी के परिवर्तन ने बड़े-बड़े साम्राज्यों को उखाड़कर नए राज्य स्थापित किए; बड़ी-बड़ी कम्पनियाँ जो प्रौद्योगिकी के परिवर्तन की महिमा को समझने में विफल रहीं, काल के गाल में समा गईं और अनाम लोगों ने परिवर्तन को पहचान कर उद्यम किया और बड़ी-बड़ी बहुराष्ट्रीय कम्पनियाँ खड़ी कर डालीं। प्रौद्योगिकी का यह परिवर्तन भाषाओं पर भी प्रत्यक्ष और परोक्ष प्रभाव डालता है।

भाषाओं की प्रगति उनकी राजनीतिक-सामाजिक स्थिति पर जितनी निर्भर है, उससे कम भाषा से सम्बन्धित तकनीकी पर नहीं। भाषाओं के विकास के इतिहास में अब तक लिपि का विकास, कागज की खोज, छापाखाने का आविष्कार, टाइपराइटर का विकास आदि प्रमुख पड़ाव रहे हैं। ये पड़ाव भाषाओं ने पिछले

तीन-चार हजार वर्षों की अवधि में देखे हैं। किन्तु आज एक साथ इनसे अधिक सशक्त सम्भावनाओं वाले कई तकनीकी परिवर्तन एक साथ आ धमके हैं। ये परिवर्तन हैं—कम्प्यूटर का विकास, इंटरनेट का प्रादुर्भाव, यूनिकोड, मशीनी अनुवाद तथा अन्य भाषा-प्रौद्योगिकियाँ। इसके साथ ही, भारी मात्रा में टेक्स्ट विश्लेषण एवं प्रसंस्करण, भंडारण, संचार आदि का परिणाम अभूतपूर्व होगा।

यद्यपि मशीनी अनुवाद अब भी 'कामचलाऊ' स्थिति में है, फिर भी इससे मिलने वाला लाभ अभूतपूर्व है। आप कभी भी, कहीं भी, किसी भी भाषा से क्षण भर में अनुवाद कर सकते हैं। इसका मतलब है कि अब केवल अंग्रेजी से अनुवाद करके 'सन्तुष्ट' हो जाने की सीमा नहीं रही। मशीनी अनुवाद के कारण विश्व की सभी भाषाओं एवं समाजों द्वारा संचित ज्ञान के दरवाजे सबके लिए सदा खुले हुए हैं। इसके अलावा लिपि परिवर्तक सॉफ्टवेयर औजारों के कारण बहुत लाभ हो रहा है। विश्व में बहुत से लोग एक से अधिक भाषाएँ समझ-बोल सकते हैं किन्तु एक ही लिपि पढ़ सकते हैं। लिपि परिवर्तकों के कारण ज्ञान के आदान-प्रदान में लिपि की समस्या समाप्त हो गई है। भारत के लिए यह विशेष रूप से उपयोगी है।

यूनिकोड

कम्प्यूटर के सर्वसुलभ होते ही विश्व की तमाम भाषाओं का साहित्य एवं ज्ञान-विज्ञान कम्प्यूटर पर लिखा और भंडारित किया जाने लगा। किन्तु उस समय रोमन के अलावा अन्य लिपियों के लिए कोई 'मानक' व्यवस्था नहीं थी। इस अव्यवस्था को 'यूनिकोड' नामक वैश्विक मानक के द्वारा दूर किया गया। यूनिकोड ने विश्व की सभी लिपियों के लिपिचिह्नों के निरूपण के लिए मानक कोड निर्धारित किए। इसके बाद हिन्दी एवं अन्य लिपियों के पुराने फॉण्टों में लिखी सामग्री को यूनिकोड में बदलने की आवश्यकता अनुभव की जाने लगी और इसके लिए तरह-तरह के फॉण्ट-परिवर्तक विकसित किए गए। इन फॉण्ट परिवर्तकों के कारण पुरानी सामग्री नष्ट होने के बजाय 'यूनिकोड' रूपी नया जीवन पाकर अमर बन गई है। यूनिकोड के रूप में विश्व की सभी लिपियों को मानक कोड प्राप्त हुआ जिसे सभी लिपियों की समानता का घोषणा-पत्र कहा जा सकता है। इससे अब कम्प्यूटर पर सभी लिपियों को लिखा-पढ़ा जा सकता है। कई लिपियों का मिश्रित टेक्स्ट भी उतनी ही आसानी से लिखा-पढ़ा जा सकता है जितनी आसानी से एक लिपि का टेक्स्ट।

विकिपीडिया

विकिपीडिया विश्व की सैकड़ों भाषाओं में उपलब्ध एक मुक्त ज्ञानकोश है। यह हर क्षण विकसित होता हुआ विश्वकोश है जिसे कोई भी सम्पादित कर सकता है। विकिपीडिया की इस संकल्पना ने विश्व की सभी भाषाओं के लिए मुक्त ज्ञानकोश बनाने का रास्ता साफ कर दिया। विश्वकोश पर केवल कुछ भाषाओं (जैसे अंग्रेजी) एवं कुछ संगठनों (जैसे ब्रिटानिका) का एकाधिकार देखते ही देखते समाप्त हो गया। इस समय अन्तर्जाल पर ऐसी-ऐसी सैकड़ों भाषाओं में मुक्त विश्वकोश उपलब्ध हैं जिनमें कभी सपने में भी विश्वकोश बनाने की बात नहीं सोची जा सकती थी। विकिपीडिया न केवल मुक्तस्रोत (ओपेन सोर्स) है, अपितु सुदूर स्थित लोगों द्वारा सहयोग (कोलैबोरेशन) का महान साधन भी है। किसी विश्वकोश में 'कोई भी', 'कहीं से भी', 'कभी भी' और 'कितना भी' योगदान कर सकता है—यह बात पहले कोई सोच भी नहीं सकता था। आज यह वास्तविकता है। विकिपीडिया नामक ये विश्वकोश न केवल मुक्त और निःशुल्क हैं, बल्कि पहले उपलब्ध विश्वकोशों से अधिक बड़े और अधिक सुविधायुक्त भी हैं। हिन्दी में सम्प्रति तीन विश्वकोश हैं—1. हिन्दी विश्वकोश, 2. भारतकोश तथा 3. हिन्दी विकिपीडिया।

हिन्दी कम्प्यूटरी

हिन्दी कम्प्यूटरी का विकास हिन्दी के विकास की गति और दिशा निश्चित करेगा। इस समय हिन्दी के सम्मुख वैसा ही अवसर उपस्थित है जैसा बीसवीं शती के आरम्भ में था। यदि हम सब हिन्दी कम्प्यूटरी का समुचित प्रबन्धन कर सके तो यह हिन्दी के तीव्रतम विकास का एक नया काल सिद्ध हो सकता है।

क्या-क्या करना चाहिए

1. सॉफ्टवेयर औजारों (टूल्स) का निर्माण, उनका आम जनता में प्रचार-प्रसार, उपलब्ध औजारों का सुधार। तरह-तरह के देवनागरी सम्पादित्र, फॉण्ट परिवर्तक, लिपि परिवर्तक, टेक्स्ट प्रोसेसर, ऑप्टिकल कैरेक्टर रिकॉग्नीशन (ओसीआर), टेक्स्ट से ध्वनि (टीटीएस), की-बोर्ड, आईएमई, अनुवादक (विशेषतः भारतीय भाषाओं एवं हिन्दी की बोलियों से हिन्दी में अनुवाद), तकनीकी अनुवादक, क्षेत्र-विशेष की सामग्री को हिन्दी में बदलने वाले उपकरण आदि।

2. सामग्री का निर्माण : विकिपीडिया, गूगल बुक्स, एनसीईआरटी, डिजिटल लाइब्रेरी ऑफ इंडिया आदि पर हिन्दी की सन्तोषजनक सामग्री इकट्ठी हो गई है। इसे अधिकाधिक बढ़ाया जाए। कोशिश हो कि नई सामग्री यूनिकोड टेक्स्ट के रूप में हो।
3. हिन्दी शब्दावली : हिन्दी विकिकोश एवं अन्य स्थानों पर हिन्दी की पारिभाषिक शब्दावलियाँ एवं अन्य प्रकार के कोश इकट्ठा किए गए हैं। भारत सरकार के वैज्ञानिक एवं तकनीकी शब्दावली आयोग के पास विविध प्रकार की शब्दावलियों का भंडार है। यदि वे इसे पूरी तरह से और डाइनैमिक रूप में अन्तर्जाल पर उपलब्ध करा सकें तो हिन्दी का बहुत बड़ा लाभ हो सकता है। ये शब्दावलियाँ न केवल नई सामग्री तैयार करने वाले लोगों के लिए उपयोगी होंगी बल्कि इनका उपयोग कम्प्यूटर सॉफ्टवेयरों में भी किया जाएगा जिससे अन्य भाषाओं में उपलब्ध उत्कृष्ट वैज्ञानिक एवं तकनीकी सामग्री का स्वतः अनुवाद किया जा सके। विभिन्न भारतीय भाषाओं से हिन्दी के शब्दकोश, हिन्दी की बोलियों के शब्दकोश, विदेशी भाषाओं के शब्दकोश : वैज्ञानिक, तकनीकी एवं अन्य प्रकार के ज्ञान में प्रयुक्त शब्दावलियों के शब्दकोश आदि बनाने चाहिए। कोशिश होनी चाहिए कि ये ऑफलाइन उपयोग के लिए भी उपलब्ध हों। इसी तरह भाषा कम्प्यूटरी के औजार भी डाउनलोड करके ऑफलाइन प्रयोग करने लायक होने चाहिए।
4. रोमन एवं अन्य लिपियों में स्थित सामग्री का देवनागरीकरण : आज भी संस्कृत एवं हिन्दी की बहुत सी सामग्री रोमन लिपि एवं अन्य भारतीय लिपियों में है। कुछ सामग्री हिन्दी के पुराने फॉण्टों (लिगेसी फॉण्ट) में है। इन्हें समुचित सॉफ्टवेयरों का प्रयोग करते हुए तुरन्त यूनिकोडित देवनागरी में बदलना चाहिए।

उत्तम व्यवहार (बेस्ट प्रैक्टिस)

1. कोई भी सामग्री यूनिकोड देवनागरी में ही तैयार करें।
2. सामग्री को यत्र-तत्र अन्तर्जाल पर रखें; इसे सार्वजनिक उपयोग के लिए 'शेयर' करें; दूसरों को इसके बारे में सूचित करें।
3. आप भाषा सम्बन्धी कोई कार्य करते हैं जिसमें बार-बार एक ही तरह का कार्य ('रिपीटीशन') हो तो उचित मंच पर लोगों से आग्रह करें कि

वे इसके लिए कोई औजार बनाएँ ताकि समय, श्रम की बचत की जा सके और अधिक शुद्धता और अधिक गति से काम किया जा सके।

4. आप प्रोग्रामिंग जानते हों तो स्वयं जानने की कोशिश करें कि लोगों को क्या चाहिए और आप इस दिशा में क्या कर सकते हैं। औजार बनाकर लोगों को बताएँ एवं उसका उपयोग करना भी सिखाएँ।
5. अपने ब्लॉग या साइट पर स्थित सामग्री को 'कॉपीराइट' घोषित करने से बचें। जरा सोचें कि दुनिया में कैसे-कैसे लोग हैं जिन्होंने करोड़ों डॉलर के जटिल और उपयोगी सॉफ्टवेयर बनाकर उसे मुक्तस्रोत घोषित कर दिया है। किसी सामग्री के बार-बार अलग-अलग हाथों में जाने (री-यूज) से उसकी उपयोगिता बढ़ती जाती है।
6. हिन्दी कम्प्यूटरी के विकास के निमित्त हजारों तरह के काम हैं। कोई भी इस यज्ञ में आहुति दे सकता है। आप स्वयं सोचिए कि आप क्या कर सकते हैं और कर डालिए। हिन्दी विकिपीडिया, भारतकोश, हिन्दी शब्दकोश, लोकप्रिय सॉफ्टवेयरों का हिन्दीकरण (लोकलाइजेशन), औजार बनाना, औजारों का प्रचार-प्रसार एवं प्रशिक्षण, कम्प्यूटर पर हिन्दी-लेखन एवं ब्लॉगिंग, हिन्दी की सुषुप्त संस्थाओं को जाग्रत् करना, नई संस्थाएँ खड़ी करना, हिन्दी संस्थाओं को संगठित करना, हिन्दी के उत्कृष्ट लेख इकट्ठा करना, हिन्दी की महत्त्वपूर्ण साइटों की निर्देशिका तैयार करना, तरह-तरह के यूनिकोड समर्थित देवनागरी फॉण्ट विकसित करना आदि कुछ प्रमुख क्षेत्र हैं। किन्तु इनके अलावा भी सैकड़ों क्षेत्र हैं जिनमें योगदान किया जा सकता है।

हिन्दी लिखने के लिए कब क्या करें

कम्प्यूटर पर हिन्दी लिखने के लिए इस समय तरह-तरह के सैकड़ों साधन उपलब्ध हैं किन्तु विडम्बना है कि जानकारी के प्रचार-प्रसार की कमी के कारण बहुत से लोग अब भी नहीं जानते कि कम्प्यूटर पर हिन्दी लिखना-पढ़ना इतना आसान है। कुछ लोग हिन्दी लिखने की असफल कोशिश करके पल्ला झटक देते हैं।

हर हिन्दीप्रेमी को अपने कम्प्यूटर पर ऐसी व्यवस्था रखनी चाहिए कि किसी भी टेक्स्ट बक्से में वह तुरन्त हिन्दी लिख सके। इसके लिए सबसे उत्तम तरीका है कोई इनपुट एडिटर मेथड (आईएमई) इंस्टाल करना। गूगल आईएमई,

माइक्रोसॉफ्ट आईएमई, बरह आईएमई सहित 6-7 आईएमई उपलब्ध हैं। किसी को केवल अन्तर्जाल पर ही सभी टेक्स्ट बक्सों में हिन्दी लिखने की सुविधा चाहिए तो वह फायरफॉक्स का कोई उपयुक्त ऐड-ऑन इस्तेमाल कर सकता है। आप किसी मित्र के कम्प्यूटर पर या किसी इंटरनेट कैफे में काम कर रहे हैं और हिन्दी लिखनी पड़ जाए तो हिन्दी के किसी ऑनलाइन टूल का प्रयोग करके कट-पेस्ट करके काम चला सकते हैं। सभी तरह के औजारों में अलग-अलग तरह के कुंजीपटल भी उपलब्ध हैं। यानी सबके लिए सभी स्थितियों में हिन्दी लिखने के लिए औजार विद्यमान हैं। बस आपको इनके बारे में पहले से विदित होना जरूरी है।

anunad@gmail-com

हिन्दी ब्लॉग का सफर

रविशंकर श्रीवास्तव

परिचय व इतिहास

मनुष्य और अन्य जीव-जन्तुओं के बीच प्रमुख भिन्नता है—अपने विचारों को सम्प्रेषित करने की कला। मनुष्य ने बड़े ही जहीन तरीके से आदिम जमाने से सम्प्रेषण की कला में विविध आयाम जोड़े हैं। बोल-बताकर, लिखकर, छापकर, स्थापत्य के नमूने रचकर, कलाकृतियों के सृजन इत्यादि के माध्यम से वह अपनी सम्प्रेषणीयता में नित्य नए आयाम जोड़ता ही जा रहा है। वैसे भी जन्म लेते ही मनुष्य रोकर विश्व को यह अभिव्यक्त करने का प्रयास करता है कि अब, आज से, जगत् में उसका भी कोई अस्तित्व है और अभिव्यक्ति का यह प्रयास उसके महाप्रयाण तक जारी रहता है। इस बीच वह अपने पल-पल के विचारों, संवेदनाओं को विविध तरीके से लोगों के बीच पहुँचाने का कार्य करता है। इंटरनेट पर उपलब्ध तमाम तरह की टेक्नोलॉजी के बीच ब्लॉग भी अभिव्यक्ति के एक नए सशक्त माध्यम के रूप में उभरा है जो तेजी से लोकप्रियता की ऊँचाइयों को छूता प्रगति पथ पर अग्रसर है।

ब्लॉग क्या है?

'ब्लॉग' वेब-लॉग का संक्षिप्त रूप है, जो सबसे पहले अमेरिका में 1997 के दौरान इंटरनेट में प्रचलन में आया। प्रारम्भ में कुछ ऑनलाइन जर्नल्स के लॉग (log—यानी रोजनामचा जैसा कुछ—जैसा कि पुलिस की डायरी में होता है) प्रकाशित किए गए, जिनमें इंटरनेट के भिन्न क्षेत्रों में प्रकाशित समाचार, जानकारी इत्यादि के लिंक होते थे, तथा लॉग लिखने वालों की संक्षिप्त टिप्पणियाँ भी उनमें होती थीं। इन्हें ही 'ब्लॉग' कहा जाने लगा। ब्लॉग लिखने

वाले, जाहिर है, ब्लॉगर कहलाने लगे। प्रायः एक ही विषय से सम्बन्धित आँकड़ों और सूचनाओं का यह संकलन–ब्लॉग–तेजी से लोकप्रिय होता गया। ब्लॉग लिखने वालों के लिए प्रारम्भिक दिनों में कम्प्यूटर टेक्नोलॉजी के कुछ विषय, मसलन–एचटीएमएल भाषा का जानकार होना आवश्यक था क्योंकि लिंक इत्यादि खुद ही लगाने होते थे और लॉग को इंटरनेट पर प्रकाशित करना होता था। परन्तु इसमें सम्भावनाओं को देखते हुए ब्लॉग लिखने और उसको प्रकाशित करने के लिए कुछ जालघरों ने मुफ्त और अत्यन्त आसान औजार उपलब्ध कराए जिसमें ब्लॉग लिखने के लिए आपको कम्प्यूटर प्रोग्रामिंग भाषाओं का ज्ञान आवश्यक नहीं होता। कोई साधारण कम्प्यूटर प्रयोक्ता भी इन सुविधाओं का प्रयोग कर सकता है। इस कारण, देखते ही देखते 1997-98 की दर्जन भर ब्लॉग संख्या को दस लाख का आँकड़ा पार करने में महज चार साल लगे। फिर ब्लॉग विश्व की हर भाषा में, हर कल्पनीय विषय पर लिखे जाने लगे। ब्लॉग को विश्व के आम लोगों में भारी लोकप्रियता तब मिली जब अफगानिस्तान पर अमेरिकी हमले के दौरान एक अमेरिकी सैनिक ने अपने नित्यप्रति के युद्ध अनुभव को ब्लॉग पर नियमित प्रकाशित किया। उस दौरान एंड्रयू सुलिवान के ब्लॉग पृष्ठ (http://andrewsullivan.thedEilybeast.com) पर आठ लाख से अधिक लोगों की उपस्थिति दर्ज की गई, जो सम्बन्धित विषयों के कई तत्कालीन प्रतिष्ठित प्रकाशनों से कहीं ज्यादा थी। एंड्रयू अपने ब्लॉग के मुखपृष्ठ पर लिखते हैं–क्रान्ति ब्लॉग में दर्ज होगी। एंड्रयू सुलिवान का यह कथन महज डेढ़ दशक में ही सत्य प्रमाणित हो गया जब हाल ही में मिस्र में जनक्रान्ति हुई और तख्ता पलटा। मिस्र की क्रान्ति को सफल बनाने में सोशल साइटों, मसलन–ब्लॉग, ट्विटर (माइक्रो-ब्लॉगिंग प्रक्रम), फेसबुक इत्यादि का अहम योगदान रहा है।

ब्लॉग और इंटरनेट

ब्लॉग जैसी परिकल्पना इंटरनेट में ही आकार ले सकती थी। चूँकि इंटरनेट सूचनाओं का संसार है, शुरुआती ब्लॉगों में इन्हीं सूचनाओं के लिंक एकत्र कर उन्हें विशिष्ट पाठक वर्ग के लिए प्रकाशित किया जाता था। साथ ही, ब्लॉग लिखने और उन्हें प्रकाशित करने के लिए किसी प्रकार के अलग से इन्फ्रास्ट्रक्चर अथवा झमेले-झंझट की आवश्यकता नहीं थी। जो टेक्नोलॉजी मौजूद थी उसी का उपयोग कर ब्लॉग परिकल्पना को साकार किया गया। मगर बाद में इसकी

अपार सम्भावना और लोकप्रियता को देखते हुए कई वेब सेवाओं ने नए और तरह-तरह के मुफ्त औजार तथा वेब पृष्ठ उपलब्ध कराए जिससे इसके फैलाव में मदद मिली। शीघ्र ही, सिर्फ ब्लॉग के लिए विशिष्ट जालघरों का निर्माण हो गया जिनमें ब्लॉगर, पिटास, मूवेबल टाइप तथा रेडियो यूजर लैंड सहित तमाम अन्य साइट भी हैं। ब्लॉगिंग में नए-नए आयाम जुड़ने लगे जिसमें इंक ब्लॉगिंग (अपनी हस्तलिखित पांडुलिपि प्रकाशित करना), फोटो ब्लॉगिंग, वीडियो ब्लॉगिंग (वी-ब्लॉग), ऑडियो ब्लॉगिंग (पॉडकास्टिंग), माइक्रो-ब्लॉगिंग–ट्विटर जैसी विचारधाराएँ भी प्रस्फुटित हुईं और सफल हुईं। 'न्यूयॉर्क टाइम्स' और 'द गॉर्जियन' जैसे बहुत-से मौजूदा समाचार साइटों ने भी अपने उपयोगकर्ताओं तथा स्तम्भ लेखकों हेतु ब्लॉग के लिए विशेष व्यवस्थाओं की शुरुआत की और इसे हिन्दी में 'जागरण' समाचार-पत्र ने 'जागरण जंक्शन ब्लॉग' और 'नई दुनिया' ने 'वेब-दुनिया ब्लॉग' के नाम से आगे बढ़ाया। इन समाचार-पत्रों के लिए ये ब्लॉग वस्तुतः रीडर जनरेटेट कंटेंट पाने का साधन हैं और ऑनलाइन अख़बार को मुफ्त कंटेंट प्रदान करते हैं। हींग लगे न फिटकरी और रंग चोखा! बाद में ब्लॉगों की चयनित सामग्री को प्रिंट की दुनिया में भी लाया जाता रहा है। टेलीविजन कलाकार हर्ष छाया ने अपने हिन्दी ब्लॉग की चुनिन्दा सामग्री को 'चूरन' नाम से एक पुस्तक का रूप दिया है।

ब्लॉग के हैं फायदे अनेक

राजेन्द्र यादव ने 'हंस', जुलाई 2004 के सम्पादकीय में बड़े मजेदार तरीके से चुटकियाँ लेते हुए, हिन्दी साहित्य संसार के प्रायः सभी नए-पुराने समकालीन लेखकों/कवियों के बारे में टिप्पणियाँ की हैं कि किस प्रकार लोग अपनी छपास की पीड़ा को तमाम तरह के हथकंडों से कम करने की नाकाम कोशिशों में लगे रहते हैं। वे आगे कहते हैं कि दिल्ली जैसी जगह से ही 'हंस' जैसी कम से कम 10 पत्रिकाएँ निकलनी चाहिए। जाहिर है, लेखकों-लेखिकाओं की लम्बी कतारें हैं और उन्हें अपनी अभिव्यक्ति का कोई माध्यम ही नहीं मिल रहा है। ऐसे में इंटरनेट के व्यक्तिगत वेब पृष्ठ और ब्लॉग के अलावा दूसरा बढ़िया रास्ता और कोई नहीं है। ब्लॉग के फायदों की सूची यों तो लम्बी है, पर कुछ मुख्य बातें ये हैं–

- ब्लॉग प्रायः व्यक्तिगत उपयोग हेतु हर एक को मुफ्त में उपलब्ध है।
- ब्लॉग लिखना और प्रकाशित करना बेहद आसान है।

- ब्लॉग के पाठक पूरी दुनिया से मिलते हैं।
- विषय बन्धन नहीं।
- कोई रोक-टोक नहीं।
- सामग्री की लम्बाई का बन्धन नहीं–आप अपने जीवन की सम्पूर्ण रचनावली प्रकाशित कर सकते हैं।
- त्वरित टिप्पणियों से दो-तरफा रीयलटाइम, बॉर्डरलेस संवाद।
- आपकी ब्लॉग प्रविष्टि हमेशा के लिए अजर-अमर। सामग्री की अनुपलब्धता या आउट ऑफ प्रिंट जैसा झमेला नहीं। इंटरनेट पर एक बार पोस्ट की गई सामग्री वहाँ से व्यवहारतः मिटाई नहीं जा सकती अतः पोस्ट करने से पहले एक बार सोच लें कि आप किसी विवाद को निमंत्रण तो नहीं दे रहे!
- ब्लॉग पर आप किसी भी विषय पर, विश्व की किसी भी (टेक्नोलॉजी समर्थित) भाषा में अपने विचार प्रकट कर सकते हैं, जो इंटरनेट में लोगों के पढ़ने हेतु हमेशा उपलब्ध रहेंगे। उदाहरण के लिए, यदि आप कहानियाँ लिखते हैं, तो एक ब्लॉग कहानियों का प्रारम्भ करिए, उसमें अपनी कहानियाँ नियमित प्रकाशित करिए, बिना किसी झंझट के, बिना किसी सम्पादकीय सहमति या उसकी कैंची के और अगर लोगों को आपकी कहानियों में कुछ तत्त्व और पठनीयता नजर आएगी, तो वे आपकी ब्लॉग साइट के मुरीद हो जाएँगे और हो सकता है कि आपके ब्लॉग को एंड्रयू सुलिवान के ब्लॉग से भी ज्यादा पाठक मिल जाएँ। पाठकों की त्वरित टिप्पणियाँ आपके ब्लॉग की धार को पैना करने में सहायक हो सकती हैं। ब्लॉग का उपयोग कम्पनियाँ अपनी उत्पादकता बढ़ाने, नए विचार प्राप्त करने में भी कर रही हैं, जहाँ कर्मचारी अपने विचारों का आदान-प्रदान बिना किसी झिझक के कर सकते हैं।

हिन्दी में ब्लॉगिंग का संक्षिप्त इतिहास

हिन्दी भाषा में ब्लॉग की सम्भावना तब तक क्षीण थी, जब तक कि यूनिकोड फॉण्ट आधारित कोई ब्लॉग साइट उपलब्ध न हो जाती। दरअसल, यूनिकोड के अलावा हिन्दी के किसी भी अन्य फॉण्ट में किए गए कार्य एक प्रकार से अंग्रेजी फॉण्ट के विस्तार मात्र होते हैं, अतः वेब पर, जहाँ कि इंडेक्सिंग और

शॉर्टिंग (अनुक्रम और छँटाई) के बगैर काम नहीं चलता, हिन्दी के अन्य फॉण्ट्स में बनाए गए ब्लॉग्स का दायरा सीमित ही होता। उदाहरण के लिए, गूगल खोज साइट पर इंटरनेट में यूनिकोड हिन्दी में ढूँढ़ना अत्यन्त आसान है, परन्तु हिन्दी के अन्य फॉण्ट्स पर आप कुछ ख़ास ढूँढ़ पाने में असमर्थ होते हैं, क्योंकि आपको अक्सर यह भान नहीं होता कि वे हिन्दी के किस फॉण्ट का उपयोग कर लिखे गए हैं। हालाँकि, शुषा जैसे फॉण्ट्स का उपयोग करने वाली हिन्दी और अन्य भाषाओं में भी कुछ ब्लॉग साइटें मिल जाएँगी, परन्तु वे गिनती की हैं। ऊपर से, हिन्दी यूनिकोड समर्थन सिर्फ नए ऑपरेटिंग सिस्टम यथा विंडोज 2000/एक्सपी तथा उसके बाद के संस्करणों में तथा लिनक्स के सन् 2003 के बाद के संस्करणों में ही उपलब्ध हो पाया है। फिर भी, इस माध्यम की सम्भावनाओं को देखते हुए यह माना जा सकता है कि हिन्दी ब्लॉग भी अपने अंग्रेजी अवतार की तरह तेजी से लोकप्रिय होगा।

हिन्दी में प्रथम ब्लॉग प्रविष्टि श्री विनय जैन ने अपने 'हिन्दी' नामक ब्लॉग में लिखी जो कि हिन्दी सम्बन्धी एक कड़ी थी। इस ब्लॉग में वे पहले से अंग्रेजी में प्रविष्टियाँ लिखा करते थे और बाद में हिन्दी में लिखने लगे। हिन्दी में प्रथम परिपूर्ण ब्लॉग साइट बनाने का श्रेय आलोक कुमार को है। उनके ब्लॉग का नाम नौ दो ग्यारह (http://devanaagarii-net/hi/alok/blog/) (उन्होंने ही ब्लॉग के लिए 'चिट्ठा' शब्द भी गढ़ा था) है, जिसमें वे पिछले कुछ वर्षों से अपने कम्प्यूटर जगत् के तकनीकी तथा अन्य व्यक्तिगत अनुभवों को नियमित लिख रहे हैं। दरअसल, पहले हिन्दी में ब्लॉग का नाम नहीं लिखा जा सकता था। तकनीक उतनी उन्नत नहीं थी। तब आलोक ने बीच का रास्ता निकाला। उन्होंने हिन्दी में नाम देने की बजाय अंक 9-2-11 लिख दिया। इस तरह से हिन्दी इंटरनेट में एक नई क्रान्ति की शुरुआत हुई।

हिन्दी ब्लॉग और ब्लॉग एग्रीगेटर

शुरुआती दिनों में जब हिन्दी ब्लॉगों की संख्या नगण्य थी और इन पर प्रकाशित सामग्री मुट्ठी भर, तो ये ब्लॉग और इनकी सामग्री सर्च इंजनों से खोजी नहीं जा सकती थी। आम पाठक तक इन्हें लाने का प्रयास हिन्दी के ब्लॉग एग्रीगेटरों ने बखूबी किया। हिन्दी ब्लॉगों की सामग्री को एकत्र कर

इंटरनेटी दुनिया के सामने लाने का प्रथम प्रयास देबाशीष चक्रवर्ती ने 'चिट्ठा विश्व' नाम से एक हिन्दी ब्लॉग एग्रीगेटर बनाकर किया, जो शुरू के दो-तीन वर्षों तक बढ़िया चला। यह माइजावासर्वर पर हिन्दी ब्लॉग एग्रीगेटर 'चिट्ठा विश्व' मुक्त संसाधनों से बनाया गया था, जो संसाधनों की कमी की वजह से बन्द हो गया। बाद में 'नारद' नामक ब्लॉग एग्रीगेटर प्रारम्भ किया गया जो अगले दो-तीन वर्षों तक चला। यह भी संसाधनों की कमी की वजह से बन्द हो गया। इसी बीच 'ब्लॉगवाणी' और 'चिट्ठाजगत्' नामक ब्लॉग एग्रीगेटर चालू हुए जिसमें 'ब्लॉगवाणी' बेहद लोकप्रिय रहा। ये दोनों ही एग्रीगेटर अपने अव्यावसायिक दृष्टिकोण की वजह से विकास करने में असफल रहे और वर्तमान में बन्द पड़े हैं।

'ब्लॉगवाणी' और 'चिट्ठाजगत्' की कमी को पूरा करने के प्रयास हिन्दी के कई नए एग्रीगेटर कर रहे हैं जिनमें प्रमुख हैं—ब्लॉगप्रहरी, हमारीवाणी, अपनाब्लॉग इत्यादि। पर ये अभी 'ब्लॉगवाणी' की लोकप्रियता और 'चिट्ठाजगत्' की कार्यक्षमता और सुविधा को नहीं छू पाए हैं।

इस बीच हिन्दी ब्लॉग-जगत्, एग्रीगेटरों पर निर्भरता से आगे निकल चुका है और अब कुछेक लोकप्रिय हिन्दी ब्लॉगों के नियमित पाठकों की संख्या हजार से ऊपर निकल चुकी है। जहाँ भारत में कम्प्यूटिंग और खासकर भाषायी कम्प्यूटिंग वाकई बेहाल है, वहाँ हिन्दी ब्लॉगों की इतनी भी लोकप्रियता किसी मायने में कम नहीं है।

हिन्दी ब्लॉगों के लिए इंटरनेट पर अन्य मंच

अंग्रेजी के ब्लॉगों की तरह हिन्दी ब्लॉगों को विविध तरीकों से पृष्ठचिह्न बनाने व लिंक एकत्र करने के भी प्रयास हुए हैं। पहले-पहल अंग्रेजी के वेब रिंग में हिन्दी ब्लॉगों के लिए भी रिंग बनाया गया जिसे हिन्दी चिट्ठाकारों की जालमुद्रिका (http://www.webring.org/hub? ring=hindibloggers) कहा गया। वेब रिंग इंटरनेट पर ऐसा प्रकल्प है जहाँ एक ही प्रकार के ब्लॉग्स आपस में लिंक किए हुए होते हैं, जिससे इंटरनेट के महासागर में एक जैसी चीजों को आसानी से ढूँढ़ने में मदद मिलती है। उदाहरण के लिए, इसमें जहाँ आप इंडियन ब्लॉगर्स का वेब रिंग भी पाएँगे, तो आने वाले समय में हो सकता है कि आपको सिर्फ हिन्दी गीतकारों का वेब रिंग भी मिल जाए। बाद में इंडली जैसी सेवा भी आई जहाँ हिन्दी की चुनिन्दा पोस्टों को जमा कर प्रकाशित

किया जाता है तो इंडीब्लॉगर जैसी ब्लॉग रैंकिंग प्रदान करने वाली सेवाएँ भी चालू हुईं जो हिन्दी ब्लॉगों की लोकप्रियता, उनकी पाठक संख्या, सामग्री की गुणवत्ता इत्यादि को आधार मानकर कॉम्प्लैक्स गणनाओं के आधार पर श्रेणी प्रदान करती हैं। हिन्दी ब्लॉगों के लिए पुरस्कारों के भी आयोजन बाद में होने लगे।

हिन्दी में ब्लॉग लिखना : समस्याएँ व समाधान

हिन्दी में ब्लॉग कैसे लिखें?

हिन्दी में ब्लॉग लिखना उतना ही सरल है जितना किसी वेब आधारित ई-मेल के द्वारा लिखना और उसे भेजना। यहाँ फर्क सिर्फ यह होता है कि आप अपने ब्लॉग को किसी ई-मेल पते पर भेजने के बजाय प्रकाशित करते हैं। परन्तु सभी को एक बड़ी समस्या सिर्फ और सिर्फ हिन्दी यूनिकोड फॉण्ट और हिन्दी कुंजीपटल को लेकर आती है। हिन्दी में ब्लॉग लिखने के लिए आपको किसी ऐसे इंटरनेट मंच पर पंजीकृत होना होगा जो यूनिकोड ब्लॉग स्वीकारते हैं। उदाहरण के लिए, ब्लॉगर.कॉम, जो कि ब्लॉग के लिए लोकप्रिय साइटों में से एक है, में पूर्ण हिन्दी समर्थन उपलब्ध है। यही नहीं, इसके द्वारा आप ई-मेल के जरिए भी अपने ब्लॉग्स प्रकाशित कर सकते हैं। जैसे आप याहू ई-मेल हेतु पंजीकृत होते हैं उसी प्रकार ब्लॉगर.कॉम में भी अपने बारे में कुछ विवरणों को दर्ज कर पंजीकृत होना होगा। आपको एक उपयोगकर्ता नाम तथा पासवर्ड दिया जाएगा जिसकी सहायता से इस साइट पर आप लॉग-इन होकर अपने लॉग का सम्पादन-प्रकाशन कर सकेंगे। यह साइट आपको पूर्वनिर्धारित टैम्लेट्स के उपयोग की अनुमति तो देती ही है, अगर आप उन्नत उपयोगकर्ता हैं, तो अपने खुद के डिजाइन किए पृष्ठ पर भी ब्लॉग प्रकाशित कर सकते हैं। ब्लॉग लिखकर उसे प्रकाशित करने के लिए कुछ औजार भी उपलब्ध हैं जैसे कि ब्लॉगएक्स्प्रेस और ब्लॉगविजार्ड, तो ब्लॉग पढ़ने के लिए भी कुछ औजार हैं जैसे कि ब्लॉगरीडर। हालाँकि सामान्य ब्लॉग उपयोग में इनकी आवश्यकता नहीं पड़ती है।

हिन्दी में ब्लॉग लिखने के लिए अगर आप पहले से ही यूनिकोड हिन्दी उपयोग करते हैं, तब तो कोई समस्या ही नहीं है। आजकल सभी नए ऑपरेटिंग सिस्टम–विंडोज एक्सपी/विंडोज 7 तथा लिनक्स–मैक में हिन्दी यूनिकोड का अन्तर्निर्मित समर्थन आता है और डिफॉल्ट हिन्दी कुंजीपट

इनस्क्रिप्ट संस्थापित किया हुआ आता है जिसे आपको भाषायी कंट्रोल पैनल या की-बोर्ड कंट्रोल पैनल में जाकर इनेबल करना होता है। माइक्रोसॉफ्ट के हिन्दी आईएमई (इनपुट मेथड एडिटर) में आपको हिन्दी के सात की-बोर्ड से हिन्दी टाइप करने की सुविधा मिलती है जिनमें शामिल हैं–रेमिंग्टन (कृति देव आधारित) शुषा, फोनेटिक या हिन्दी पारम्परिक मानक इनस्क्रिप्ट इत्यादि। इस तरह से आप जिसमें माहिर हैं उसमें से किसी भी कुंजीपटल के उपयोग से यूनिकोड हिन्दी में लिखने की सुविधा उपलब्ध है। यदि आपको हिन्दी टाइपिंग नहीं भी आती है तब भी आपके लिए रास्ता है। आप फोनेटिक के जरिए रोमन में टाइप करके देवनागरी में आउटपुट पा सकते हैं। अपने हिन्दी में लिखे हुए पाठ को काटिए या प्रतिलिपि करिए तथा ब्लॉग साइट पर चिपकाकर उसे प्रकाशित कर दीजिए। बस! और फिर इन्तजार कीजिए प्रकाशित अभिव्यक्ति पर इंटरनेट के पाठकों की प्रतिक्रियाओं का। हिन्दी लिखने के लिए और भी बहुत से ऑनलाइन और ऑफलाइन औजार हैं, जैसे कि रमण कौल का ऑनलाइन हिन्दी टाइपिंग साइट और हिन्दी राइटर नामक अनुप्रयोग। क्विलपैड (http://quillpad.com) तथा गूगल हिन्दी ट्रांसलिट्रेटर, जो कि अब ब्लॉगर के ब्लॉग व जी-मेल में भी शामिल किया जा चुका है, का भी प्रयोग हिन्दी लिखने में किया जा सकता है। गूगल का हिन्दी आईएमई भी लांच किया जा चुका है।

हिन्दी फॉण्ट की समस्याएँ

हिन्दी में कम्प्यूटिंग एमएस डॉस के जमाने से सम्भव थी जब अक्षर नामक हिन्दी वर्ड प्रोसेसर का बहुतायत से प्रयोग होता था। हिन्दी कम्प्यूटिंग के बहुत से पुराने प्रयोक्ता रेमिंग्टन की-बोर्ड में काम करते रहे थे। जब कम्प्यूटरों का पैर भारत में जमने लगा तो विविध वेंडरों ने अपने-अपने हिसाब से तात्कालिक समाधान निकाला और 8 बिट अंग्रेजी फॉण्टों का रूप बदलकर हिन्दी का रूप दे दिया और इस तरह हिन्दी के लिए जुगाड़ू काम बैठाया। कृतिदेव, वेबदुनिया, श्रीलिपि, सीडैक जिस्ट जैसे सैकड़ों हिन्दी फॉण्ट नमूदार हुए। और हर फॉण्ट एक दूसरे से भिन्न। एक फॉण्ट में लिखी सामग्री दूसरे में काम में नहीं आती। ऐसे में जब तक आपके कम्प्यूटर में सम्बन्धित फॉण्ट न हो, उस फॉण्ट में तैयार की गई सामग्री का प्रयोग असम्भव था। इन समस्याओं का तोड़ यूनिकोड में ही था। यूनिकोड में लिखी सामग्री हर कम्प्यूटर पर, हर मोबाइल डिवाइस पर

दिखेगी, बशर्ते सिर्फ कोई भी एक हिन्दी यूनिकोड फॉण्ट इंस्टाल हो। मगर पुराने प्रयोगकर्ता, जो कृतिदेव या श्रीलिपि जैसे फॉण्टों का प्रयोग करते रहे थे, के सामने समस्या थी कि यूनिकोड की टाइपिंग कैसे करें। शुरुआती दिनों में यूनिकोड टाइपिंग के लिए मात्र फोनेटिक व इनस्क्रिप्ट सुविधा ही थी। जल्द ही हर तरह के की-बोर्ड यूनिकोड की टाइपिंग के लिए जारी हो गए। साथ ही, तकनीकी गूगल समूह में पुराने हिन्दी फॉण्टों यथा श्रीलिपि व कृतिदेव इत्यादि में तैयार सामग्री को यूनिकोड हिन्दी में कन्वर्ट करने के कन्वर्टर तैयार किए गए। इस समाधान ने तो जैसे हिन्दी ब्लॉगरों के लिए शानदार विकल्प दे दिया। बहुत सारे चिट्ठाकार भी, जिनके अपने कम्प्यूटर में यूनिकोड लिखने-पढ़ने की सुविधा नहीं थी, प्रचलित पुराने फॉण्टों, यथा–कृतिदेव में हिन्दी सामग्री तैयार करने लगे या पुरानी सामग्री को इन कन्वर्टरों की सहायता से यूनिकोड में कन्वर्ट कर ब्लॉगों में प्रकाशित करने लगे।

हिन्दी कोड व्यवस्था का इतिहास

वेद प्रकाश ने अपनी किताब 'हिन्दी कम्प्यूटरी' में हिन्दी फॉण्ट की कोडिंग व्यवस्था और उनके मानकीकरण के बारे में विस्तार से उल्लेख किया है और यह भी बताया है कि यूनिकोड क्यों और किसलिए हिन्दी के लिए मानक व्यवस्था है और तमाम समस्याओं का समाधान यूनिकोड हिन्दी में सम्भव है।

"कम्प्यूटर पर हिन्दी का इतिहास कमोबेश उतना ही पुराना है जितना कि भारत में कम्प्यूटर का इतिहास। सबसे पहले 1970-73 के बीच श्री आर.एम.के. सिन्हा और श्री एच.एन. महाबाला ने देवनागरी ऑप्टिकल कैरेक्टर रिकग्निशन पर और श्री पी.वी.एच.एल. नरसिम्ह्, श्री वी. राजारमन और श्री बी. प्रसाद ने की-बोर्ड और कोडिंग स्कीम विकसित करने पर काम किया। लेकिन उस समय कम्प्यूटरों की भारी कीमतों के चलते यह मात्र अकादमिक प्रक्रिया तक ही सीमित रहा। आठवें दशक के मध्य में माइक्रोप्रोसेसरों के विकास के साथ कम्प्यूटरों की कीमतों में कमी आई, तब इनमें से कुछ विचार स्टैंड-एलोन इंडियन लैंग्वेज टर्मिनल डिजाइन में फलीभूत हो पाए।" (श्री आर.एम.के. सिन्हा व श्री अर्जुन रमन)।

1978 में भारतीय प्रौद्योगिकी संस्थान, कानपुर (श्री आर.एम.के. सिन्हा) के निमंत्रण पर इलेक्ट्रॉनिकी विभाग (डॉ. ओम विकास), भारत सरकार ने

'कम्प्यूटर आधारित सूचना सिस्टमों में भाषायी निहितार्थ' पर एक राष्ट्रीय परिसंवाद आयोजित किया। इसने इस बारे में देश में गरमागरम बहस छेड़ दी। लेकिन असली शुरुआत तब हुई जब भारतीय प्रौद्योगिकी संस्थान, कानपुर (श्री आर.एम.के. सिन्हा और श्री एस.के. मलिक) ने 'एकीकृत देवनागरी कम्प्यूटर' के डिजाइन और विकास' के प्रोजेक्ट को प्रायोजित किया। 'एकीकृत देवनागरी कम्प्यूटर' अपने 8 महीने के रिकॉर्ड समय में तैयार हो गया तथा दिल्ली में आयोजित तीसरे विश्व हिन्दी सम्मेलन में इसका प्रदर्शन किया गया। इसे मल्टीटास्किंग फर्मवेयर के साथ इंटेल 8086 प्रोसेसर का उपयोग करके विकसित किया गया था। इस प्रौद्योगिकी के अनुकूलन के लिए इस प्रोजेक्ट को 32 बिट के मोटरोला नं. 68000 के प्रोसेसर पर विस्तार दिया गया, जिसका परिणाम थी–जिस्ट प्रौद्योगिकी। जिस्ट प्रौद्योगिकी मोहन तांबे के अथक प्रयासों का परिणाम थी। जिस्ट का मतलब ग्राफिक्स एंड इंटेलीजेंस बेस्ड स्क्रिप्ट टेक्नोलॉजी। इस प्रौद्योगिकी को कई कम्पनियों ने खरीदा। जब इस प्रोजेक्ट पर कार्य करने वाले शोध इंजीनियर मोहन तांबे सेंटर फॉर डेवलपमेंट ऑफ एडवांस्ड कम्प्यूटिंग (सी-डेक) गए तो सी-डेक ने जिस्ट प्रौद्योगिकी को अपना लिया। जिस्ट प्रौद्योगिकी ने भारतीय भाषाओं की मशीन-भाषायी इंटरफेस की जटिल समस्या को सुलझा लिया।

इसी के आधार पर जुलाई 1983 में इलेक्ट्रॉनिकी विभाग ने सूचना संसाधन के लिए भारतीय लिपियों और उनके कोड के मानकीकरण पर उपसमिति की रिपोर्ट (Report of the sub-committee on Stanardization of Indian Scripts and their Code for Information Processing) प्रकाशित की। जिसमें उन्होंने इस्की कोड-83 की घोषणा की। 1988 में इसे और कॉम्पेक्ट करने के लिए इसका संशोधन किया गया जिसे अगस्त 1988 में सूचना अन्तर्विनिमय के लिए भारतीय लिपि संहिता के मानकीकरण पर उपसमिति की रिपोर्ट (Report of the sub-committee on Stanardization of Indian Scripts Code for Information Interchange) में इलेक्ट्रॉनिकी विभाग ने प्रकाशित कराया। इसके बाद 1991 में इसे संशोधित कर इसमें कई वैदिक अक्षर जोड़े गए। भारतीय मानक ब्यूरो ने इस संशोधित संस्करण को ही अंगीकृत और मानकीकृत कर अपने आईएस 13194-1991 दस्तावेज में भारतीय मानक-सूचना अन्तरविनिमय के लिए भारतीय लिपि संहिता (ISCII या इस्की)–यूडीसी–681-3 शीर्षक के अन्तर्गत प्रकाशित किया। तभी से यह सभी इलेक्ट्रॉनिकी उपकरणों के लिए भारतीय भाषाओं का राष्ट्रीय मानक है।

इस्की दस्तावेज हासिल करने के लिए www-cdac-in/html/gist/down/iscii_d.asp पर जाएँ।

भारतीय मानक–सूचना अन्तर्विनिमय के लिए भारतीय लिपि संहिता (ISCII–91)

इस कोड की कई विशेषताएँ हैं–

ब्राह्मी लिपि पर आधारित होने से ब्राह्मी लिपि से उत्पन्न सभी लिपियों के लिए यह समान है, यानी कि न केवल भारतीय लिपियों, जैसे–असमिया, उड़िया, तमिल, तेलगू, देवनागरी के लिए बल्कि तिब्बती, थाई और सिंहली भाषाओं के लिए भी यह कोड समान है।

सभी ब्राह्मी आधारित लिपियों का समान कोड होने का लाभ यह है कि इन लिपियों का आपस में सटीक लिप्यन्तरण किया जा सकता है। जाहिर है, इससे मात्र लिपि के कारण पैदा होने वाली अजनबियत को दूर करने में मदद मिलेगी।

इस्की कोड में अक्षरों को उनके उच्चारण के क्रम में ही रखा गया है, चाहे उनका लिखने का तरीका अलग ही क्यों न हो। इससे हम चाहे किसी भी लिपि में टाइप क्यों न कर रहे हों, उन अक्षरों के लिखने के तरीकों में चाहे कितना ही अन्तर क्यों न हो, उन्हें टाइप करने का तरीका एक ही रहेगा।

इसका दूसरा फायदा यह है कि इससे उनके अकारादिक्रम में सीधी छँटाई में कोई दिक्कत पेश नहीं आती। मूल अक्षरों को टाइपिंग का आधार बनाने के कारण उन्हें टाइप करने का एक ही तरीका हो सकता है। यदि क्ष, त्र, ज्ञ जैसे संयुक्ताक्षरों के लिए अलग कोड दिया जाएगा तो यह सम्भव नहीं हो सकेगा।

इस्की कोड में अंग्रेजी के आस्की कोड को यथावत् रखा गया है जिससे अंग्रेजी और भारतीय भाषाओं के सह-अस्तित्व में कोई कठिनाई न आए। इससे अंग्रेजी में विकसित सभी सॉफ्टवेयरों में इसके इस्तेमाल में भी कोई कठिनाई नहीं आएगी।

आप सोच रहे होंगे कि जब हिन्दी में इतना सुविचारित और सुचिन्तित कोड था जो न केवल हिन्दी को वैज्ञानिक आधार पर संयोजित करता था बल्कि सभी भारतीय लिपियों की आधारभूत एकता की भित्ति पर भी खड़ा था, और जिसके कारण सभी भारतीय भाषाओं की एकता भी एक नया तकनीकी आयाम ग्रहण करने जा रही थी, फिर क्या हुआ कि हिन्दी कम्प्यूटरी में बेहद अराजकता की स्थिति दिखाई पड़ती है?

इस कोड के इतना बेहतरीन और उपयोगी होने के बावजूद अधिकतर सॉफ्टवेयर निर्माताओं ने इसका अनुपालन नहीं किया। इस बात को जरा ठंडे दिमाग से समझना होगा। मान लीजिए, 184 के स्थान पर, जिसे इस्की कोड में 'क' के लिए नियत किया हुआ है, यदि एक सॉफ्टवेयर निर्माता 'ग' रख दे और दूसरा सॉफ्टवेयर निर्माता इसी स्थान पर 'च' रख दे तो क्या होगा? पहले निर्माता के सॉफ्टवेयर में तैयार दस्तावेज में जहाँ-जहाँ 'ग' टाइप किया हुआ है, दूसरे सॉफ्टवेयर में खोलने पर वहीं-वहीं 'च' दिखाई पड़ेगा। और मानक इस्की कोड का इस्तेमाल करने वाले सॉफ्टवेयर में वहाँ 'क' दिखाई देगा यानी बेतरतीब, अर्थहीन, अक्षरों का समूह स्क्रीन पर दृष्टिगोचर होगा। और मित्रो, यही हुआ भी है। आज हिन्दी में कम्प्यूटर पर आने वाली महत्त्वपूर्ण कठिनाइयों का यही कारण है। इंटरनेट, ई-मेल, ई-वाणिज्य और ई-शासन के बढ़ते घोड़े की लगाम हिन्दी सॉफ्टवेयर निर्माताओं ने इसी तरह थामी है। कोड व्यवस्था में नित नए प्रयोगों ने भारतीय भाषाओं के उपयोक्ताओं को बेहद परेशान किया है।

सवाल यह है कि इन सॉफ्टवेयर निर्माताओं ने इस्की कोड का इस्तेमाल क्यों नहीं किया? क्या इसके पीछे इस्की कोड की कुछ खामियाँ थीं या वे इसे और बेहतर बनाना चाहते थे? नहीं।

इसके पीछे एक तरफ ऑपरेटिंग सिस्टम निर्माताओं का हिन्दी और दूसरी भारतीय भाषाओं के प्रति उपेक्षा भाव था तो दूसरी तरफ इनमें बाजार को समझ पाने की क्षमता का अभाव था। इसीलिए उन्होंने इस्की को समर्थन नहीं दिया। एक और बात, इस्की अपने आप सीधे विंडोज जैसे ऑपरेटिंग सिस्टम पर इस्तेमाल नहीं किया जा सकता, इसके लिए एक फॉण्ट कोड चाहिए जिसमें हिन्दी के लिए कम-से-कम 188 कोड स्थान चाहिए (आस्की के 128 स्थानों की तुलना में)। विंडोज जैसे ऑपरेटिंग सिस्टमों के लिए इस्की कोड तब तक अपर्याप्त था जब तक कि ऑपरेटिंग सिस्टम निर्माता अन्दर से इसे समर्थन न दें।

चूँकि इस्की इस समस्या के हल के लिए अपर्याप्त था इसलिए जरूरी था कि हिन्दी सॉफ्टवेयर निर्माता आपस में बैठकर एक मानक निर्धारित करते और उसे अपनाते। ऐसा नहीं हुआ। हालाँकि सी-डेक ने इस समस्या के हल के लिए इस्फॉक फॉण्ट कोड विकसित किया और इसे मानक बनाने की कोशिश की। यदि हमने इसे मानक निर्धारित कर अपनाया होता तो दूसरे देशों की तरह हमारी भाषाओं की कम्प्यूटरी का जबर्दस्त विकास हुआ होता। दुर्भाग्य से सी-डेक इस प्रयास में सफल नहीं हो पाया।

मानकीकरण न किए जाने और उसे न अपनाने के पीछे हिन्दी सॉफ्टवेयर निर्माताओं का स्वार्थ भी था। अलग फॉण्ट कोड के कारण यदि कोई संगठन या कम्पनी एक बार उनके सॉफ्टवेयर को खरीद ले तो हमेशा उनके ही सॉफ्टवेयर खरीदने को मजबूर था, नहीं तो वह संगठन या कम्पनी अपने विभिन्न कम्प्यूटरों में तैयार हिन्दी दस्तावेजों का आदान-प्रदान नहीं कर पाएगा। उन्होंने न केवल अपने कोड दूसरे फॉण्ट निर्माताओं से अलग रखे बल्कि अपने ही विभिन्न उत्पादों के लिए भी भिन्न कोड बनाए ताकि उनके एक उत्पाद का ग्राहक दूसरे उत्पाद के फॉण्ट इस्तेमाल न कर पाए और उसे भी खरीदने को मजबूर हो।

इनकी इस स्वार्थलिप्सा के शिकार हुए सरकारी कार्यालय, जिनमें राजभाषा नीति के चलते हिन्दी का प्रयोग करना था तो दूसरी तरफ डेस्क टॉप पब्लिशर, जिन्हें भारतीय भाषाओं के मुद्रण की गला-काट प्रतियोगिता में टिके रहना था, नित नए फॉण्टों को अपनाते हुए।

इस अन्यायपूर्ण लूट में कोई फॉण्ट निर्माता पीछे नहीं था।

इस मामले में भारत सरकार भी अपनी जिम्मेवारी से नहीं बच सकती। दूसरे देशों की सरकारों की तरह भारत सरकार का यह कर्तव्य था कि वह इस फॉण्ट कोड के मानकीकरण में केन्द्रीय भूमिका निभाती और इस दिशा में हो रहे निजी प्रयासों की कड़ी निगरानी करती, जैसा कि दूसरे देशों की सरकारों ने किया। अगर ऐसा होता तो फॉण्ट कोड के कारण उत्पन्न समस्या पैदा ही नहीं होती।

शायद यह स्थिति अनन्त काल तक चलती रहती यदि इंटरनेट के प्रसार ने सूचनाओं का आदान-प्रदान करने और आपस में वितरित करने के लिए मजबूर न किया होता, जिसके कारण एक नया फॉण्ट मानक उभरकर आया— यूनिकोड।

समस्याएँ अनेक, समाधान एक : यूनिकोड

कम्प्यूटर जगत् की एक प्रतिष्ठित पत्रिका 'पीसी क्वेस्ट' में 1998 में एक दिलचस्प वाकया छपा। कोरिया की एक छात्रा उच्च स्तरीय अध्ययन के लिए अमेरिका गई। वह कोरिया में कोरियाई भाषा में कम्प्यूटर और इंटरनेट के इस्तेमाल में निपुण थी। यहाँ तक कि उसकी बूढ़ी दादी भी कम्प्यूटर और इंटरनेट का इस्तेमाल कर लेती थी। छात्रा को तो अंग्रेजी आती थी, परन्तु उसकी

दादी को नहीं। दुनिया के अनेक देशों की तरह कोरिया में किसी भी सॉफ्टवेयर के बिकने की बुनियादी शर्त होती है कि उसमें कोरियाई भाषा का इंटरफेस हो। जाहिर है कि उसकी दादी कोरियाई इंटरफेस के माध्यम से कम्प्यूटर और इंटरनेट का उपयोग करती थी। जब कोरियाई छात्रा ने अमेरिका से अपनी दादी का ई-मेल देखना चाहा तो वैकल्पिक भाषा के रूप में कोरियाई के बदले अरबी भाषा की मैपिंग देखकर उसका हाथ रुक गया। उसकी दादी का भेजा ई-मेल अरबी जंक कैरेक्टरों में बदल चुका था।

यहाँ जेम्स बांड श्रृंखला की फिल्म 'टूमारो नेवर डाइज' का वह दृश्य याद करें जब जेम्स बांड अपनी कोरियाई साथी के साथ बचता-बचाता उसके घर पहुँचता है, जो बाहर से तो किसी कच्चे मकान जैसा दीखता है पर अन्दर से किसी जासूसी संस्था का अत्यानुधिक नियंत्रण कक्ष। जेम्स बांड जैसे ही उसका कम्प्यूटर इस्तेमाल करना चाहता है, की-बोर्ड पर केवल कोरियाई अक्षर देखकर उसका हाथ रुक जाता है।

इस परिस्थिति ने सॉफ्टवेयर निर्माताओं को सोचने पर मजबूर किया कि वे विभिन्न भाषाओं को एक ही विस्तृत कोड में समाहित करने का उपाय खोजें ताकि इंटरनेट पर फैलते ई-बाजार का तेजी से फैलाव हो सके। इंटरनेट की दुनिया बहुभाषी बने, इसमें बहुत से लोगों की अपने-अपने कारणों से दिलचस्पी थी।

इसी का परिणाम है—यूनिकोड कन्सोर्शियम। इसमें सभी देशों की सरकारों के प्रतिनिधि शामिल हैं। भारत का सूचना प्रौद्योगिकी विभाग इसका सदस्य है। इस कन्सोर्शियम ने सभी सदस्य देशों की भाषाओं के मानक कोडों को शामिल किया है। इसमें 8 बिट के बजाय 16 बिट की स्टोरिंग व्यवस्था है इसलिए इसमें कुल 65,536 कैरेक्टर स्टोर किए जा सकते हैं। इसके पहले 128 कैरेक्टर तो अंग्रेजी के आस्की कोड के लिए नियत हैं। यह विश्व की सभी—नई व पुरानी-लिखित भाषाओं के सभी कैरेक्टरों को स्थान मुहय्या कराता है। इसके अतिरिक्त इसमें तकनीकी चिह्न, विराम चिह्न और कई अन्य कैरेक्टर भी दिए गए हैं। यूनिकोड मानक सभी तरह के उपयोक्ताओंचाहे वे कारोबार से हों या शिक्षा व्यवसाय से, मुख्यधारा की लिपियों का इस्तेमाल करने वाले हों या अल्पसंख्यक लिपियों का—सभी की जरूरतों को समर्थन देने का प्रयत्न करता है। प्रतिदिन कम्पनियाँ नए-नए यूनिकोड समर्थित उत्पाद लेकर बाजार में आ रही हैं। इस मामले में ओपन सोर्स (मुक्त संसाधन) समुदाय भी पीछे नहीं है।

यूनिकोड में हिन्दी और दूसरी भारतीय भाषाओं को भी स्थान मिला है। इसके लिए इस्की-89 को आधार बनाया गया है जिससे यूनिकोड में थोड़ी-बहुत समस्या भी है। अगर इस्की-91 को आधार बनाया गया होता तो ये मामूली दिक्कतें भी नहीं होतीं।

चूँकि यूनिकोड में देवनागरी लिपि भी शामिल है इसलिए सारे यूनिकोड समर्थित सॉफ्टेवयर खुद-ब-खुद हिन्दी समर्थक हो गए हैं, बशर्ते कि आपने उनमें यूनिकोड बेस्ड हिन्दी फॉण्ट को सक्रिय किया हुआ हो। लगभग सभी सॉफ्टवेयर में न केवल उसमें हिन्दी में काम करने की सुविधा मौजूद है बल्कि उसका इंटरफेस भी हिन्दी में आ चुका है। जो अभी नहीं आए हैं, वे भी इस दिशा में बढ़ रहे हैं। यही नए अन्तर्राष्ट्रीय समुदाय के ज्ञान-सूचना-जानकारी के आदान-प्रदान का आधार है। यूनिकोड के देवनागरी कोड के विषय में अधिक जानकारी हासिल करने के लिए www.unicode.org/cahrts/pdf/u0900.pd को देखें।

विविध ब्लॉग प्लेटफॉर्म

चिट्ठे यानी ब्लॉग लिखने और पढ़ने वालों का साम्राज्य अप्रत्याशित ढंग से बढ़ता जा रहा है। यह ब्लॉग–जंतु कम्प्यूटर–इंटरनेट उपयोक्ताओं को गहरा काट चुका है जिसके फलस्वरूप शहर का हर दूसरा व्यक्ति ब्लॉग लिखने-पढ़ने में लगा हुआ है। ब्लॉग को 'वर्ष 2004 का शब्द' के ख़िताब से नवाजा जा चुका है और ज्यादा से ज्यादा लोग अपने विचारों को प्रकट करने के लिए तथा दूसरे के विचारों के बारे में जानने के लिए ब्लॉग को अपना रहे हैं। स्थिति यह है कि कुछ तकनीकी वेब स्थलों ने भी अब अपने पाठकों से सीधे संवाद के लिए ब्लॉग का सहारा लिया है। ब्लॉगों पर नजदीकी दृष्टि रखने वाले टेक्नोराती के मुताबिक, ब्लॉगों की संख्या 10 करोड़ से ऊपर पहुँच चुकी है और प्रति मिनट हजारों लोग अपने ब्लॉग प्रकाशित करते हैं। क्रिकेट विश्वकप फाइनल मैच के दौरान माइक्रो-ब्लॉग ट्विटर में क्रिकेट सम्बन्धी अपडेटों की संख्या प्रति मिनट 80 से ज्यादा रही। ये संख्याएँ ब्लॉग की लोकप्रियता को सिद्ध करती हैं। ब्लॉग के जरिए अपने विचारों–चाहे वे किसी भी रूप में हों–समाचार, कविता, कहानी, संवाद, लेख, लम्बे उपन्यास या फिर अपने बारे में छोटी-छोटी महत्त्वहीन बातें, को प्रकाशित करना अत्यन्त आसान हो गया है। बिना कोई कीमत अदा किए, वेब स्थल पर उपलब्ध मुफ्त के औजारों की सहायता से

ब्लॉग लेखन/पठन सचमुच आनन्ददायी हो गया है क्योंकि लिखने के लिए किसी प्रकार की कोई बन्दिशें (जो हैं, स्वैच्छिक हैं) नहीं हैं, और पढ़ने के लिए पाठकों को विपुल सामग्री उपलब्ध हो रही है। और शायद यही है इनकी लोकप्रियता का राज।

ब्लॉगर

ब्लॉगर (http://www.blogger.com) एक पुरानी और विश्वसनीय सेवा है जो अपने पंजीकृत उपयोक्ताओं को मुफ्त में ब्लॉग लेखन की सुविधा देती है। पहले-पहल ब्लॉग लिखने वाले अधिकांश ब्लॉग लेखक ब्लॉगर के ही मुरीद रहे हैं—प्रमुखतः इसलिए भी कि मैदान में प्रतिद्वन्द्विता के लिए कोई अन्य मजबूत खिलाड़ी मौजूद नहीं था। यह अब भी नए ब्लॉग लेखकों की पसन्दीदा सूची में शीर्ष पर आता है। ब्लॉगर भारतीय भाषाओं के यूनिकोड फॉण्ट को पूरी तरह समर्थित करता है। यही वजह है कि हिन्दी सहित अन्य भारतीय भाषाओं के अधिकांश ब्लॉग ब्लॉगर में ही हैं। ब्लॉगर को वर्तमान में गूगल द्वारा समर्थन प्रदान किया जा रहा है। ब्लॉगर के सरल इंटरफेस के जरिए आप तीन सरल चरणों में अपना ब्लॉग लिखना प्रारम्भ कर सकते हैं। ये तीन चरण हैं–

- ब्लॉगर में एक खाता खोलें–जो कि वेब आधारित ई-मेल खाता खोलने जैसा आसान-सा, दो मिनट का कार्य है।
- अपने ब्लॉग को एक नाम दें–जिससे कि आपका ब्लॉग, लाखों ब्लॉग की भीड़ में भी आसानी से जाना-पहचाना जाए, जैसे कि यदि आप क्रिकेट के बारे में अपना ब्लॉग लिखना चाह रहे हैं तो इसका शीर्षक दे सकते हैं 'क्रिकेट उन्माद'।
- अपने ब्लॉग के लिए एक टैंपलेट चुनें–पहले से तैयार किए भिन्न रूप-रंग के वेब पृष्ठों में से अपनी रुचि/आवश्यकता के अनुसार कोई एक चुन लीजिए जिसमें नित्य प्रति आपका लिखा ब्लॉग खूबसूरत तरीके से अवतरित होगा। अब आप सम्पूर्ण विश्व के सामने अपनी बात रखकर उसे आन्दोलित करने के लिए पूरी तरह तैयार हैं। आपके ब्लॉग में वो शक्ति भी हो सकती है जो कि मात्र 8000 पाठकों की संख्या युक्त मीडिया (http://mediaah.blogspot.com) ने दिखाई थी जिसने मीडिया मुगल टाइम्स ऑफ

इंडिया को इस तरह हिला दिया कि अन्ततः सीधी कानूनी लड़ाई में साधनहीन मीडियाह को मजबूरन अपना बोरिया-बिस्तरा बन्द करना पड़ा!

ब्लॉगर में आप अन्य सेवाओं की सहायता से अपने ब्लॉग में चित्रों को भी प्रकाशित कर सकते हैं। चित्रों को मुफ्त (सीमित संख्या में, अधिक होने पर शुल्क देय) होस्ट करने वाले वेब स्थलों जैसे कि फ्लिक्र (http://www-flickr.com) या पिकासा के जरिए ब्लॉगर आपके चित्रों को भी ब्लॉग के साथ प्रकाशित कर सकता है। इसके टैंपलेट (आपके ब्लॉग का मुखपृष्ठ) में आसानी से आवश्यकतानुसार परिवर्तन कर सकते हैं, ताकि इसे आप मनचाहा रूप और आकार दे सकें। इसमें मेन्यू, शॉर्टकट, आरएसएस कड़ियाँ, स्टेट काउंटर इत्यादि आधारभूत सभी सामग्रियाँ जोड़ सकते हैं। बस, आपको इन सेवाओं को मुफ्त प्रदान करने वाले वेब स्थलों की सेवा लेनी होगी। किसी भी अच्छे बनाए गए ब्लॉग पृष्ठ से इनकी कड़ियाँ प्राप्त की जा सकती हैं। कुल मिलाकर ब्लॉगर ब्लॉग लिखने के लिए मुफ्त और अच्छी सेवा प्रदान करती है।

ब्लॉगर के इंटरफेस में आप एचटीएमएल के जरिए भी लिख सकते हैं तथा इसके ऑनलाइन कम्पोजर के जरिए भी, जिसके लिए आपको एचटीएमएल का ज्ञान होना आवश्यक नहीं है। अतः ब्लॉगर के जरिए एक साधारण कम्प्यूटर उपयोक्ता भी अपना ब्लॉग आसानी से लिख सकता है। यही नहीं, ब्लॉगर आपको ई-मेल के जरिए भी अपने ब्लॉग प्रकाशित करने की सुविधा देता है। बस, ब्लॉगर के निश्चित पते पर ई-मेल करिए और आपकी चिट्ठी ब्लॉग के रूप में प्रकाशित हो जाती है। यहाँ पर आपको अन्य सुविधाएँ भी मिलती हैं जैसे कि किस तरह से आपके ब्लॉग पोस्ट दिखाई दें तथा आपके पुराने ब्लॉगों को किस प्रकार व्यवस्थित रखा जाए इत्यादि। ब्लॉगर में ब्लॉगर्स के लिए दर चरण विवरण और सहायता हिन्दी में है जिसे पढ़कर कोई भी आसानी से हिन्दी ब्लॉग लेखन शुरू कर सकता है

वर्डप्रेस

मुफ्त ब्लॉगिंग के लिए एक और बढ़िया सेवा है–वर्डप्रेस। इसका साफ-सुथरा नो-नॉनसेंस इंटरफेस और इसके शानदार थीम बहुत से ब्लॉगरों के आकर्षण का केन्द्र प्रारम्भ से ही रहे हैं। इसकी कमेंटिंग व्यवस्था व स्पैम हैंडलिंग सेवा बेहद उन्नत किस्म की हैं जिससे यह तकनीकी रूप से दक्ष ब्लॉगिंग सेवा है।

वर्डप्रेस क्या है

वर्डप्रेस पी.एच.पी. और माई एस.क्यू.एल. प्रोग्रामिंग भाषाओं पर आधारित एक ब्लॉग तंत्रांश है, और b2/cafelog का उत्तराधिकारी है। यदि आप स्वयं का ब्लॉग डोमेन बनाना चाहते हैं तो वर्डप्रेस की स्थापन फाइल को वर्डप्रेस के जालस्थल से डाउनलोड कर अपनी साइट पर इन्सटॉल करना पड़ता है। यह चलने में काफी तेज है और स्थापित करने में और सीखने में आसान। मुक्त सूत्री (ओपन सोर्स) होने के कारण निजी और व्यावसायिक प्रयोग, दोनों के लिए पूर्णतः निःशुल्क भी है। हजारों विकासकर्ताओं और प्रयोक्ताओं ने वर्ष 2001 से लगातार मेहनत करके इसे बनाया है, और अब भी इसे विकसित कर रहे हैं और बेहतर बना रहे हैं। इसमें आप-हम जैसे प्रयोक्ता भी योगदान देते हैं। हाल ही में कुछ हिन्दी प्रयोक्ताओं ने वर्डप्रेस का हिन्दीकरण पूरा किया। मुक्त सूत्री होने का यह भी लाभ है कि कोई भी इसे बेहतर बना सकता है, इसमें थीम (अभिकल्पों) और प्लग-इन के माध्यम से नई क्षमताएँ जोड़ सकता है।

वर्डप्रेस में किसी भी उन्नत ब्लॉग यंत्र की सभी सुविधाएँ मौजूद हैं जैसे कि टिप्पणी मध्यस्थता, ट्रैकबैक, पिंगबैक, क्षमल फीड, ब्लॉग रोल आदि, और कई मामलों में अन्य यंत्रों से बेहतर हैं। अपनी प्रविष्टियों से बाहर आप पृष्ठ भी बना सकते हैं, जो आपके ब्लॉग के खाके पर ही आधारित होंगे। अपने पृष्ठों और प्रविष्टियों के लिए आप मनचाहे, सरल URL चुन सकते हैं।

वर्डप्रेस जब शुरू हुआ तो इसमें खाकों और अभिकल्पों की कमी थी। फिर कुब्रिक, मांजी जैसे अभिकल्प आए। और अब तो जैसे अभिकल्पों की बाढ़-सी आ गई है। हाल ही में फ्लेक्स किंग ने अपने चिट्ठे पर वर्डप्रेस अभिकल्प प्रतियोगिता का आयोजन किया, और देखते-देखते नए डिजाइन बनाने की होड़ लग गई। प्रतियोगिता समाप्त होते-होते 135 नई थीमें वर्डप्रेस में जुड़ गईं। अभी थीम प्रतियोगिता के अंगारे ठंडे भी नहीं हुए थे कि मार्क घोष ने प्लग-इन और मॉड (सुधार) प्रतियोगिता की घोषणा कर दी। वर्डप्रेस की तो जैसे चाँदी ही हो गई।

अन्य यंत्रों से वर्डप्रेस की तुलना

आइए, अब तुलना करके देखें कि ब्लॉग यंत्रों का कथित राजा वर्डप्रेस वेब-आधारित मुफ्त ब्लॉग यंत्रों के शहंशाह ब्लॉगर के सामने टिक पाता है कि नहीं।

अच्छाइयाँ

ब्लॉगर की तुलना में वर्डप्रेस से आपको अपने ब्लॉग पर अधिक नियंत्रण मिलता है।

वर्डप्रेस प्रयोग करें तो आपको अपने चिट्ठे पर विज्ञापन या बैनर डालना है कि नहीं, यह आप पर निर्भर करता है। ब्लॉगस्पॉट यूँ तो मुफ्त है, पर आपके चिट्ठे के ऊपर अपना पट्टा डाल देता है (पहले यह पट्टा विज्ञापन बैनर हुआ करता था)।

वर्डप्रेस का ऑनलाइन एडिटर काफी सरल है। कोई भी नई प्रविष्टि लिखने, या कोई भी सेटिंग बदलने के बाद आपको अपना ब्लॉग पुनर्प्रकाशित (republish) नहीं करना पड़ता। नई प्रविष्टि या कोई भी परिवर्तन संचित करते ही सक्रिय हो जाते हैं। यदि आपके चिट्ठे में कई प्रविष्टियाँ हैं, और आपका इंटरनेट कनेक्शन तेज नहीं है तो इस गुण से बहुत अन्तर पड़ सकता है।

अन्य सर्वर-आधारित सॉफ्टवेयरों की अपेक्षा वर्डप्रेस सर्वर पर कम जगह घेरता है।

आप अपनी प्रविष्टियों को श्रेणियों में विभक्त कर सकते हैं, जिससे खोज में आसानी होती है। श्रेणियाँ बहुस्तरीय भी हो सकती हैं, यानी श्रेणी के नीचे उपश्रेणी। इससे आप अपनी प्रविष्टियों को बेहतर तरीके से व्यवस्थित कर सकते हैं।

वर्डप्रेस का अभिकल्प मॉड्यूलर है, यानी आप विभिन्न भागों को सरलता से जोड़-घटा सकते हैं, जैसे–आप कैलेंडर, लेखक सूचना आदि को मन मुताबिक रख सकते हैं या हटा सकते हैं। विभिन्न वैकल्पिक अभिकल्पों या प्लग-इन को चुटकी में सक्रिय या निष्क्रिय कर सकते हैं।

अब हिन्दी में उपलब्ध होने के कारण आपको खाके के साथ अनावश्यक छेड़छाड़ नहीं करनी पड़ेगी, जो ब्लॉगर के हिन्दीकरण के लिए करनी पड़ती है।

वर्डप्रेस में तेजी से सुधार हो रहे हैं। कुछ समय पहले तक बुराइयों की सूची थोड़ी-सी और लम्बी होती। लेकिन इसमें हुए बदलावों से टिप्पणियों के स्पैम की बीमारी काफी हद तक नियंत्रण में आ गई है। अभिकल्पों की जो कमी थी वह भी समाप्त हो गई है। मुक्त सूत्री होने के कारण आप भी कुछ जोड़ना-घटाना या बदलना चाहें तो सम्भव है।

वर्डप्रेस के जरिए बहुत से शानदार ब्लॉग, पत्रिका, समाचार साइटें इत्यादि बनाई जा सकती हैं और उनके लिए बहुत से शानदार टैम्पलेट मुफ्त में उपलब्ध हैं। 'जागरण जंक्शन' जैसा लोकप्रिय ब्लॉग प्लेटफॉर्म भी वर्डप्रेस आधारित है।

प्रीमियम सेवाएँ

यदि आप अपना ब्लॉग अपने अनुसार बनाना चाहते हैं जिसमें हर प्रकार की सामग्री आपकी तराशी हुई हो, या व्यक्तिगत ब्लॉग के बजाय व्यावसायिक ब्लॉग बनाना चाहते हैं तो फिर आपको अपना स्वयं का होस्ट लेना होगा और वर्डप्रेस जैसे औजार का उपयोग करना होगा। या फिर कुछ ऐसी प्रीमियम सेवाओं का उपयोग करना होगा, जिसके लिए भुगतान आवश्यक है। ब्लॉग के लिए भुगतान पर प्रीमियम सेवा देने वाले बहुत से स्थल हैं जिनमें वेबल टाइप तथा लाइव जर्नल प्रमुख हैं।

ब्लॉग के इतर जीवन

चूँकि ब्लॉगों को अब निधि के रूप में पहचाना जा चुका है, हर कोई उसका अपने हिसाब से दोहन करना चाहता है। अमेरिका में राजनीतिक ब्लॉग लिखने के लिए कुछ नियम बनाने के बारे में सोचा जा रहा है। भारत में अभी नेताओं की नजर ब्लॉग पर पड़ी नहीं है, अन्यथा भारतीय व्यवस्था पर तिरछी नजर डालने वाले ब्लॉगों की ख़ैर नहीं होगी। ऐसा ही एक ब्लॉग मीडियाह, टाइम्स ऑफ इंडिया की कृपा से बन्द हो चुका है। इस बीच ब्लॉग से सम्बन्धित तमाम तरह के जालस्थल बनते जा रहे हैं। उदाहरण के लिए, वर्ष के सर्वश्रेष्ठ ब्लॉग के लिए इंडीब्लॉगीज पुरस्कार आया, तो सभी के ब्लॉगों की सूची तथा उसका दर्जा दर्शाती सेवा ब्लॉगस्ट्रीट भी आई। साथ ही, ब्लॉगरों की पहली पत्रिका हिन्दी भाषा में 'निरन्तर' के नाम से उदित हुई। वहीं, अलग-अलग किस्म के ब्लॉगरों द्वारा ताजातरीन लिखी गई ब्लॉगों को खोदकर आपके पास पहुँचाने की ब्लॉगडिगर सेवा 'चिट्ठा विश्व' भी आई है तो कई लोगों के समूह द्वारा मिल-बैठकर ब्लॉग लिखने की चौपाल 'बुनो कहानी' भी अवतरित हुई जहाँ ब्लॉगिए बारी-बारी से किसी कहानी को कड़ी-दर-कड़ी बुनते हुए उसके अंजाम तक पहुँचाते हैं। और, ब्लॉगों का मेला भी लगा है–ब्लॉग मेला पर।

ब्लॉग के विविध रूप

इंटरनेट पर विचारों को प्रकाशित-प्रसारित करने के वैकल्पिक, प्रभावी माध्यम के रूप में सन् 2004 में ब्लॉग सर्वत्र छाया रहा। यही नहीं, इंटरनेट पर वर्ष 2004 को 'ब्लॉग वर्ष' भी घोषित किया गया। विश्व की तमाम भाषाओं में हजारों-लाखों की संख्या में ब्लॉगरों की लेखनी हर विषय में अपना कमाल दिखा रही है और हर ब्लॉग के अपने समर्पित पाठक हैं। पर, ब्लॉग से भी ज्यादा रचनात्मक, आकर्षक और लोकप्रिय माध्यम आपकी सेवा में आ चुका है—जिसके जरिए आप अपने विचारों को इंटरनेट पर प्रकाशित-प्रसारित कर सकते हैं। जी हाँ, आपने सही अन्दाजा लगाया है—यह है बेहतर, मल्टीमीडिया टेक्नोलॉजी—पॉडकास्टिंग, जो कि इंटरनेट प्रयोक्ताओं में तेजी से लोकप्रिय तो हो ही रहा है, इसकी उपयोगिता भी बढ़ती जा रही है।

पॉडकास्टिंग क्या है

एप्पल के आई-पॉड ने संगीत प्रेमियों के दिलों में तूफान-सा ला दिया। उठते-बैठते, सोते-जागते, हरदम, हर कदम बेहतरीन संगीत सुनना इतना आसान कभी नहीं था। जब आपके पोर्टेबल म्यूजिक प्लेयर में दस हजार से भी ज्यादा गानों को भंडार कर रखने की सुविधा अन्तर्निर्मित हो, और सारा दिन बिना किसी परेशानी के हजारों गीतों में से चुन-चुनकर सुन सकने की सुविधा आपके पास हो तो आप शीघ्र ही इससे ऊबकर कुछ नया, अलग कर गुजरने की सोचेंगे। आई-पॉड के कुछ मॉडलों के जरिए आप वार्ता/गीत तथा संगीत को उसके अन्तर्निर्मित माइक्रोफोन से रिकॉर्ड भी कर सकते हैं। अगर इस रिकॉर्डेड ध्वनि को एमपी-3 फाइल में परिवर्तित कर इंटरनेट पर डाल दिया जाए तो इंटरनेट के दूसरे प्रयोक्ता भी इसे डाउनलोड कर सुन सकेंगे।

इंटरनेट पर प्रकाशित एमपी-3 फाइलों को आई-पॉड, जैसे—हार्डवेयर म्यूजिक प्लेयर, स्मार्ट मोबाइल फोनों या विंडोज मीडिया या विनएम्प जैसे सॉफ्टवेयर म्यूजिक प्लेयर के जरिए सुनने के लिए आरएसएस फीड के जरिए विशेष तरह के सॉफ्टवेयर प्रोग्रामों द्वारा नियमित डाउनलोड किया जाए तो यह एक तरह की नियमित, ध्वनि ब्रॉडकास्टिंग जैसा रूप ले लेगी। इसे ही पॉडकास्टिंग कहा जाने लगा। यह नई, अलग तरह की टेक्नोलॉजी पॉडकास्टिंग

आपके ध्वनि संसार को पूर्णता देने के लिए तत्पर है। और, यदि आपको गीत-संगीत में मजा नहीं आता है, तो और भी बहुत सारी सम्भावनाएँ हैं यहाँ—अपनी राजनीतिक टीका-टिप्पणियों, चुटकुलों, क्रिकेट चर्चा या फिर सिर्फ टपोरी टाइप वार्ता को ही प्रकाशित कर सकते हैं, या इसी तरह की प्रकाशित ध्वनि फाइल को डाउनलोड कर सुन सकते हैं। सोच-सोचकर, उँगलियाँ तोड़कर ब्लॉग लिखने के बजाय अपनी गपशप को सीधे ही रिकॉर्ड कर प्रकाशित करना कितना मजेदार है—और तो और, अपने मित्र के साथ हुए वाक्‌युद्ध को भी रिकॉर्ड कर प्रकाशित कर सकते हैं। पर ध्यान रहे, कानून का पालन हो, जैसे कि पाइरेटेड गीत-संगीत हरगिज प्रकाशित न करें, नहीं तो लेने के देने भी पड़ सकते हैं।

पॉडकास्टिंग ध्वनि फाइलें बनाना, इंटरनेट पर प्रकाशित करना, उन्हें सुनने के लिए डाउनलोड करना इत्यादि के लिए, कुछेक प्रीमियम सेवाओं को छोड़ दें, तो व्यक्तिगत इस्तेमाल के लिए मुफ्त के तमाम औजार उपलब्ध हैं, जिनका इस्तेमाल धड़ल्ले से हो रहा है और फलस्वरूप पॉडकास्टिंग भी दिन दूना फैलता जा रहा है। और, अभी पॉडकास्टिंग शुरू हुए दो-एक साल ही बीते हैं कि आपको हर विषय—जर-जमीन-जोरू से लेकर नर-नृप और नरक तक के पॉडकास्ट मिल जाएँगे। गीत-संगीत और शैक्षणिक विषयों के पॉडकास्टिंग की तो बाढ़-सी आ गई है। आरम्भ में पॉडकास्टिंग को आई-पॉड में अतिरिक्त इस्तेमाल के लिए डिजाइन किया गया था, परन्तु एमपी-3 फाइल फॉर्मेट होने के कारण इसका इस्तेमाल किसी भी एमपी-3 प्लेयर, चाहे सॉफ्टवेयर आधारित हो या हार्डवेयर, में समान रूप से किया जा सकता है। पॉडकास्टिंग की लोकप्रियता का शायद यही कारण है।

पॉडकास्टिंग के लिए किन औजारों की आवश्यकता होगी

शुरुआत के लिए आप अपने मल्टीमीडिया कुंजीपट के अन्तर्निर्मित माइक्रोफोन से अपनी वार्ता को रिकॉर्ड कर सकते हैं। यदि आपके पास ऐसा कोई साधन नहीं है तो एक माइक्रोफोन लेना होगा जो आपके पीसी के साउंड कार्ड के लाइन-इन या माइक्रोफोन जैक से जुड़ सकता हो। अगर आपके पास लैपटॉप है, तो शायद माइक्रोफोन का जैक पिन लगाने की सुविधा उसमें न हो तो फिर आपको यूएसबी माइक्रोफोन ख़रीदना पड़ सकता है। ध्यान दें कि अच्छी ध्वनि रेकॉर्डिंग के लिए अच्छा माइक्रोफोन तो जरूरी है ही, वातावरण भी शोर

रहित होना चाहिए। अपनी वार्ता विंडोज के साउंड रिकॉर्डर से रिकॉर्ड कर सकते हैं या अन्य मल्टीमीडिया अनुप्रयोगों जैसे कि जेट ऑडियो या आउडासिटी (http://audacity.sourceforge.net) से भी रिकॉर्ड कर सकते हैं। यदि अपनी वार्ता विंडोज साउंड रिकॉर्डर से रिकॉर्ड करते हैं तो यह उसे .wav फॉर्मेट में रिकॉर्ड करता है। आपको इसे एमपी-3 फाइल फॉर्मेट में ध्वनि परिवर्तक प्रोग्रामों जैसे कि डीबी पॉवरएम्प म्यूजिक कनवर्टर (http://www.dbpoweramp.com/) की सहायता से बदलना होगा। जेट ऑडियो जैसे कुछ मल्टीमीडिया प्रोग्राम सीधे ही एमपी-3 फाइल फॉर्मेट में रिकॉर्ड कर सकते हैं। जब आप अपनी वार्ता या गीत-संगीत, कुछ भी रिकॉर्ड कर लेते हैं और उसे एमपी-3 फाइल फॉर्मेट में बदल लेते हैं तो आपकी रचना पॉडकास्ट करने के लिए पूरी तरह तैयार हो जाती है। आप अपनी ध्वनि फाइल को सम्पादित कर सकते हैं, उसमें विशेष प्रभाव भी डाल सकते हैं–इसके लिए बहुत से प्रोग्राम भी हैं। ऐसा ही एक अच्छा फ्रीवेयर प्रोग्राम है आउडासिटी (http://audacity.sourceforge.net) जो न सिर्फ ध्वनि फाइलों को सम्पादित-परिमार्जित करने देता है, यह ध्वनि रिकॉर्डर भी है जिससे सीधे ही एमपी-3 फाइल में सहेजा जा सकता है। अपने पीसी पर आप फ्रूटी लूप जैसे सॉफ्टवेयर प्रोग्रामों की सहायता से अपना स्वयं का ऑर्केस्ट्रा भी बना सकते हैं, जिसे पॉडकास्ट किया जा सकता है।

अपनी रचना कैसे पॉडकास्ट करेंगे

ध्वनि फाइलों को इंटरनेट पर प्रकाशित करने के लिए यानी पॉडकास्टिंग के लिए प्रीमियम सेवाएँ जैसे कि ऑडियो ब्लॉग (http://www. audioblog.com) हैं जो असीमित आकारों तथा असीमित संख्याओं की ध्वनि फाइलों को प्रतिमाह मात्र 250 रुपए के खर्च में प्रकाशित करने का अवसर देती हैं। परन्तु इंटनरेट पर बहुत-सी ऐसी सेवाएँ हैं जो आपको मुफ्त में पॉडकास्टिंग की सुविधा देती हैं। ऐसी ही, मुफ्त में पॉडकास्टिंग करने की सुविधा प्रदान करने वाली एक साइट है–अवरमीडिया (http://www.ourmedia.org)। अवरमीडिया एक विश्वसनीय, तेजी से लोकप्रियता की ओर अग्रसर होती साइट है। अवरमीडिया के जरिए रचना को पॉडकास्ट करने के लिए, यहाँ पंजीकृत तो होना होता ही है, साथ ही, आर्काइव.ऑर्ग (http://www.archive.org) पर भी पंजीकृत करना होता है, चूँकि यही साइट आपकी मीडिया फाइलों को इंटरनेट पर होस्ट करती है। एक बार दोनों साइटों पर पंजीकृत हो जाने के

उपरान्त किसी भी ध्वनि फाइल को पॉडकास्ट करना उतना ही आसान होता है जैसे कि किसी फाइल को अपलोड करना। इसके लिए अवरमीडिया में आसान से, समझ में आने वाले इंटरफेस हैं। अवरमीडिया में आपकी प्रकाशित ध्वनि फाइलों के लिए अलग से मीडिया आर.एस.एस. कड़ी का प्रतीक दिया जाता है। यही पॉडकास्ट करने की कड़ी होती है जिसे लोगों को बताया जाता है। इसी मीडिया आर.एस.एस. कड़ी को तमाम पॉडकास्ट निर्देशिकाओं जैसे कि (http://www.ipodder.org) में प्रकाशित किया जाता है–तमाम दुनिया को यह बताने के लिए–'दुनिया वालों सुन लो मेरी भी बात।'

मैं अपने मित्र की पॉडकास्टिंग कैसे सुन सकता हूँ

क्या आपके पास आई-पॉड है? यदि हाँ, तो आई-पॉड के जरिए पॉडकास्ट सुनना अत्यन्त आसान है। आई ट्यून का ताजातरीन संस्करण डाउनलोड करिए, उसे अपने पीसी मॅक में स्थापित करिए, आई-पॉड को अपने कम्प्यूटर से जोड़िए और, बस–अपने मित्र के बताए की वर्ड के जरिए या उसके मीडिया आर.एस. एस. फीड पते के जरिए आई ट्यून से इंटरनेट पर ढूँढ़िए। सही ठिकाना मिलते ही आई ट्यून उस पॉडकास्ट को डाउनलोड कर लेगा, और आपके आई-पॉड में सिंक्रोनाइज करते हुए रख देगा। अब आप मजे में उस पॉडकास्ट को कभी भी सुन सकते हैं। यदि आपके पास आई-पॉड नहीं है (मेरे पास भी नहीं है) तो भी कोई बात नहीं, आई ट्यून के जरिए ही आप अपने मित्र के डाउनलोड किए पॉडकास्ट को अपने कम्प्यूटर पर साउंडकार्ड के जरिए सुन सकते हैं। वैसे, पॉडकास्ट को नियमित अन्तराल पर डाउनलोड करने के लिए फीड रीडर की तरह के सॉफ्टवेयर प्रोग्राम जैसे कि आई-पॉडर (http://www.ipodder.org) भी जारी किए जा चुके हैं, जो एक बार सेट कर देने के उपरान्त आपकी मनचाही जगह से नित्य, नियमित अन्तराल से पॉडकास्ट को डाउनलोड करते रहते हैं और आपको आई-पॉड जैसे हार्डवेयर उपकरणों या सॉफ्टवेयर म्यूजिक प्लेयरों द्वारा सुनवाते रहते हैं। और कभी लगे कि आपका मित्र तो बहुत बकवास करता है और उसका पॉडकास्ट सुनने के कतई काबिल नहीं है, तो आप सीधे ही इंटरनेट पर उपलब्ध ढेरों पॉडकास्ट निर्देशिकाओं जैसे कि http://www.podcastalley.com, http://www.podcast.net, http://www.apple.com/podcasting, http://www.podcastbunker.com, http://www. podcastcentral.com में जा सकते

हैं। वहाँ प्रकाशित सैकड़ों-हजारों पॉडकास्टों में से अपनी रुचि का पॉडकास्ट ढूँढ़ें और सुनें। यदि अभी भी पॉडकास्टिंग के इस धन्धे के बारे में कुछ संशय है या कुछ समझा-सुहाया नहीं है, तो, पॉडकास्टिंग के बारे में और भी बड़ी-बड़ी बातों और ख़बरों के लिए सलाह दी जाती है कि http://www.podcastingnews.com या http://www.podcastalley.com में जाकर भ्रमण करें। यदि आपको कुछ अनिश्चितता-सी है तो आप मेरा पॉडकास्ट जिसका मीडिया फीड पता है– ttp://www.ourmedia.org/mediarss/user/33043 सुनने की कोशिश कीजिए।

वी-ब्लॉग और इंक-ब्लॉगिंग

वी-ब्लॉग, फोटो ब्लॉग और इंक-ब्लॉगिंग मल्टीमीडिया ब्लॉगिंग के ही दूसरे रूप हैं। वी-ब्लॉग या ब्लॉग यानी वीडियो ब्लॉगिंग में आप अपने वीडियो को ब्लॉग पोस्ट में एम्बेड कर प्रकाशित करते हैं, तो फोटो ब्लॉग में ऑनलाइन एलबम बनाकर उसका स्लाइड शो या फिर ब्लॉग पोस्ट में सीधे फोटो चिपकाकर ब्लॉगिंग करते हैं। इंक-ब्लॉगिंग जरूर एक अलग मगर बेहद मजेदार किस्म की ब्लॉगिंग है। इसमें हाथों से लिखी गई पांडुलिपि को स्कैन कर इंटरनेट के माध्यम से ब्लॉग पोस्ट में डालते हैं। इससे पांडुलिपि इंटरनेट पर आने वाले हजारो-हजार साल के लिए सुरक्षित हो जाती है।

माइक्रो-ब्लॉगिंग ट्विटर

ब्लॉगिंग की गति में और तीव्रता प्रदान करने का काम ट्विटर ने बखूबी किया है। 140 शब्दों की सीमा में आपको अपनी बात कहनी होती है। अंग्रेजी में ट्विटर ने न सिर्फ लोकप्रियता के नए-नए आयाम प्राप्त किए, बल्कि कई तरह की उपयोगिताएँ भी जताईं। पिछली भारतीय सुनामी और जापानी भूकम्प में ट्विटर के जरिए हजारों-लाखों लोगों ने अपनी सलामती के सन्देश और दुआएँ रीयलटाइम में भेजे। कम्पनियाँ अपने उत्पाद के लिए, राजनेता अपने विचारों के प्रोपेगंडा के लिए, अभिनेता अपनी फिल्मों के प्रचार के लिए ट्विटर का प्रभावी इस्तेमाल कर रहे हैं। हिन्दी में ट्विटर हालाँकि अभी उतना लोकप्रिय नहीं हुआ है, मगर इसका भी दिन आएगा यह तय है और वो भी बखूबी आएगा।

ब्लॉग प्लेटफॉर्म का नया पंछी पोस्टरस

ब्लॉग लिखना और पोस्ट करना इतना आसान कभी रहा ही नहीं। पोस्टरस ने ब्लॉग को एक कदम और आगे आसान बना दिया है। और इसी वजह से यह और ज्यादा लोकप्रिय होता जा रहा है। पोस्टरस को आप एक ई-मेल कर दें बस। आपका ई-मेल वहाँ ब्लॉग पोस्ट के रूप में प्रकाशित हो जाएगा। इसके लिए आपको किसी तरह खाता बनाने की भी जरूरत नहीं। यदि खाता बनाते हैं तो कुछ अतिरिक्त सुविधाएँ आपको मिल सकती हैं। अनामी ब्लॉगिंग के लिए भी बढ़िया है पोस्टरस।

ब्लॉग और कानून बनाम अनामी ब्लॉगिंग

कादम्बिनी के हिन्दी ब्लॉग विशेषांक में बालेंदु दाधीच ने बड़े विस्तारपूर्वक ब्लॉगिंग के कानूनी पहलुओं, अनामी ब्लॉगिंग और उनके कुछ उदाहरणस्वरूप ऐतिहासिक प्रतिफलों की बात कही है–

''कोई सम्पादकीय, कानूनी या संस्थागत नियंत्रण न होना ब्लॉगिंग की बुनियादी शक्तियाँ (और कमजोरी भी) हैं जिन्होंने इसे इंटरनेट आधारित अभिव्यक्ति के अन्य माध्यमों की तुलना में अधिक लोकप्रिय बनाया है। ब्लॉगिंग विश्व ने उन लोगों की स्मृतियों को भी जीवित रखा है जो सरकारी दमनचक्र, समाजविरोधी तत्त्वों के जुल्म या फिर आतंकवादी कार्रवाइयों के शिकार हुए। चीन में भले ही थ्येनआनमन चौक पर हुई अमानवीय सैन्य कार्रवाई के खिलाफ मुँह खोलना बहुत बड़ा अपराध हो, पर ब्लॉगिंग की दुनिया में ऐसी रोक-टोक नहीं। 'यान्स ग्लटर' नामक ब्लॉग का संचालन करने वाली यान शाम शैकलटन 1989 में थ्येनआनमन चौक पर हुए सैनिक नरसंहार में मारे गए युवकों के प्रति अपनी भावनाओं को इस तरह व्यक्त करती हैं–

'मैं भूलूँगी नहीं। मैं आपको हमेशा याद रखने का वादा करती हूँ। मैं ऐसा दोबारा नहीं होने दूँगी। मैं पूरी दुनिया को आपकी, थ्येनआनमन चौक के छात्रों की, याद दिलाती रहूँगी। मेरे बड़े भाइयो और बहनो!'

दमन के विरुद्ध विद्रोह और लोकतंत्र की चाहत को भी ब्लॉगिंग ने स्वर दिए हैं। बहरीन में शान्तिपूर्ण ढंग से प्रदर्शन करते लोगों के सरकारी दमन को वहीं के एक ब्लॉगर 'चनाद बहरीनी' (ब्लॉगर का छद्‌म नाम) ने अपने चित्रों में कैद किया और ब्लॉग के माध्यम से दुनिया-भर को उसकी जानकारी दी। कुछ

वर्ष पहले अमेरिकी सीनेटर ट्रेंट लोट ने 1948 के राष्ट्रपति चुनाव में हैरी ट्रूमैन के प्रतिद्वन्द्वी और रंगभेद समर्थक उम्मीदवार स्ट्रॉम थरमंड का समर्थन किया। मीडिया ने इस पर खास ध्यान नहीं दिया तो ब्लॉगर समुदाय ने जोर-शोर से यह मुद्दा उठाया और सीनेटर से इस्तीफा दिलवाकर ही दम लिया। इस घटना में ब्लॉगरों ने मीडिया के वैकल्पिक स्वरूप के रूप में अपनी उपयोगिता सिद्ध की। यही बात इराक युद्ध के दौरान भी 'बगदाद ब्लॉगर' के नाम से प्रसिद्ध एक गुमनाम ब्लॉगर ने 'सलाम पैक्स' के नाम से लिखे अपने ब्लॉग के माध्यम से दिखाई। वह इराक युद्ध की विनाशलीला का आँखों देखा हाल उपलब्ध कराता रहा और उसकी टिप्पणियों का दुनिया-भर के मीडिया ने उपयोग किया। ब्लॉगिंग को लोकप्रिय बनाने में उसकी अहम भूमिका मानी जाती है। इराक युद्ध के दौरान जब बीबीसी और वॉयस ऑफ अमेरिका में इस ब्लॉगर पर केन्द्रित कार्यक्रमों का प्रसारण किया गया तो उसके पिता को पहली बार अहसास हुआ कि सम्भवतः ये कार्यक्रम मेरे शर्मीले पुत्र के बारे में हैं जो चुपचाप कमरे में बैठकर इंटरनेट पर कुछ करता रहता है। उन्हें लगा कि सद्दाम हुसैन की खुफिया एजेंसियों को पता चलने वाला है और वे पक्के तौर पर बहुत बड़े संकट में फँसने जा रहे हैं। लेकिन सौभाग्य से ऐसा कुछ नहीं हुआ और सलाम का नाम ब्लॉगिंग के इतिहास में दर्ज हो गया (संयोगवश, सलाम ने इराक युद्ध के बाद लन्दन के 'गार्जियन' अखबार में कॉलम भी लिखा)।

जाहिर सी बात है कि ब्लॉग में लिखी गई पोस्ट यदि सरकार की मंशा के विरुद्ध है, तो गैर-क़ानूनी हो सकती है, मगर वहीं दूसरी ओर, दूसरी विचारधारा के लोगों के लिए जिहाद का माध्यम। चूँकि ब्लॉगों में सेल्फसेंशरशिप लागू है, अतः कई मर्तबा बिना सोचे-समझे किए गए, त्वरित प्रत्युत्तर में किए गए, धार्मिक उन्माद फैलाने वाली सामग्री वाले ब्लॉगपोस्ट समस्या को बढ़ा सकते हैं। कई मामलों में ब्लॉगरों को माफी माँगनी पड़ी है तो कई मामलों में कहीं-कहीं सजाएँ भी हुई हैं। यही नहीं, यदि किसी ब्लॉगर के पोस्ट की टिप्पणी में भी आपत्तिजनक टिप्पणियाँ दर्ज होती हैं तो टिप्पणी लेखक के साथ-साथ ब्लॉग लेखक का भी अपराध वहाँ माना जाएगा, ऐसी व्यवस्था एक विशिष्ट प्रकरण में भारतीय हाईकोर्ट से दी जा चुकी है। पिछले कुछ समय से हिन्दी ब्लॉगिंग में बेनामी टिप्पणियों की समस्या में अच्छी-खासी बढ़ोतरी हुई है और बेनामी अपनी टिप्पणियों में गाली-गलौज और असंसदीय भाषाओं का प्रयोग बेखटके करने लगे हैं।

फिर भी, इंटरनेट है ही सुविधा जुटाने का माध्यम। यदि आप सरकारी तंत्र की भ्रष्ट व्यवस्था के खिलाफ या कुछ विशिष्ट प्रतिरोधस्वरूप अनामी रूप से कोई ब्लॉग प्रविष्टि करना चाहते हैं तो आपके लिए टॉर जैसी सुविधाएँ हैं जिसका प्रयोग कर आप बेखटके बेनामी बने रहकर ब्लॉग लिख सकते हैं। आपका आईपी पता स्पूफ किया हुआ होता है जिसे पकड़ना बेहद मुश्किल होता है।

ब्लॉगिंग और व्यावसायिकता

जब भी ब्लॉगिंग की बात चलती है तो व्यावसायिकता की बात आ ही जाती है। लोग पूछते हैं कि क्या ब्लॉगिंग से रोजी-रोटी चलाई जा सकती है?

इस सवाल का जवाब है, हाँ। दरअसल, हमारे अपने भारतीय अमित अग्रवाल ने अपनी जमी-जमाई मल्टीनेशनल कम्पनी की नौकरी छोड़कर पूर्णकालिक ब्लॉगिंग को अपनाया। वे मजे में अपनी रोजी-रोटी इसी ब्लॉगिंग के दम पर चला रहे हैं। मगर, ऐसा सबके लिए नहीं है। और हिन्दी ब्लॉगिंग के लिए तो कतई नहीं। अमित अग्रवाल अंग्रेजी में ब्लॉगिंग करते हैं।

ये रहे हिन्दी ब्लॉगिंग की व्यावसायिकता के सम्बन्ध में कुछ प्रश्नोत्तर–

प्रश्न–क्या हिन्दी में व्यावसायिक चिट्ठाकारी सम्भव है?

उत्तर–बिलकुल सम्भव है। बस थोड़े से समय का फेर है। कुछ वर्ष पहले तो हिन्दी भाषा में ही चिट्ठाकारी सम्भव नहीं थी! वैसे भी, एक अध्ययन के अनुसार, कुछेक खास बेहद सफल चिट्ठों को छोड़ दें तो अधिकांश अंग्रेजी चिट्ठे भी बमुश्किल 100 डॉलर प्रतिमाह आय अर्जित कर पाते हैं। तो हिन्दी में व्यावसायिक चिट्ठाकारी सम्भव तो होगी, परन्तु आने वाले कुछ वर्षों तक यह संख्या सीमित ही बनी रहेगी।

प्रश्न–मुझे अपने चिट्ठे में ऐडसेंस विज्ञापन लगाने चाहिए या नहीं?

उत्तर–यह व्यक्तिगत पसन्द पर निर्भर है। यदि आप किसी भी तरह की अतिरिक्त आय अर्जित करना चाहते हैं तो ऐडसेंस एक बेहतर विकल्प है। ऐडसेंस विज्ञापन पूरी तरह जाँच-परखकर गूगल द्वारा लिये जाते हैं जिसमें किसी आपत्तिजनक साइटों के लिंक कभी भी नहीं होते। इनकी सारी प्रक्रिया विश्वसनीय व पारदर्शी होती है। वैसे दूसरे विकल्प भी हैं जिनका प्रयोग कई हिन्दी चिट्ठाकार धुआँधार तरीके से कर रहे हैं।

प्रश्न–मुझे अपने चिट्ठे में ऐडसेंस विज्ञापन कब लगाना चाहिए–प्रारम्भ से या बाद में चिट्ठे के लोकप्रिय होने के बाद?

उत्तर–विज्ञापन कभी भी लगा सकते हैं परन्तु प्रारम्भ से लगा रहेगा तो आपके पाठकों को झटका नहीं लगेगा।

प्रश्न–हिन्दी चिट्ठे से अभी विज्ञापनों के जरिए कितनी आय हो रही है व कितनी सम्भावित है?

उत्तर–अभी तो नगण्य आय हो रही है व निकट भविष्य में भी नगण्य ही रहेगी, परन्तु भविष्य उज्ज्वल है।

प्रश्न–ऐडसेंस मेरे हिन्दी चिट्ठे को अस्वीकृत कर देता है, मैं क्या करूँ?

उत्तर–इन्तजार कीजिए। इंटरनेट पर हिन्दी का प्रयोग और बाजार बढ़ रहा है। ऐडसेंस में हिन्दी गाहे-बगाहे दिखाई दे रही है। एक बार बाजार की डिमांड आते ही हिन्दी समर्थन भी आ ही जाएगा।

प्रश्न–ऐडसेंस कितना लगाएँ? क्या चिट्ठे को विज्ञापनों से भर दें?

उत्तर–यह व्यक्तिगत स्वतंत्रता का प्रश्न है। अमित के चिट्ठे में आमतौर पर एक पृष्ठ में सात बड़े विज्ञापन रहते हैं। विज्ञापनों से पाठक भले ही प्रकट में नाराज हों, गरियाएँ-भभकाएँ, परन्तु यकीन मानिए, यदि आपका लिखा सारगर्भित है, उसमें तत्त्व है, पठनीयता है, सामग्री है तो वे आपको कोसते हुए ही सही, पढ़ेंगे जरूर, और हो सकता है कि यदा-कदा आपको उपकृत करते हुए कोई विज्ञापन क्लिक भी कर दें। परन्तु आप ऐसा कतई न करें कि अपने मित्रों को अपने चिट्ठे के विज्ञापनों को क्लिक करने बैठा दें। यह क्लिक फ्रॉड कहलाता है और आपकी साइट ब्लैकलिस्ट करार दी जाकर आपका गूगल ऐडसेंस खाता बन्द किया सकता है।

प्रश्न–वर्डप्रेस पर विज्ञापन नहीं लग सकते, मैं क्या करूँ?

उत्तर–अगर आप मुफ्त वर्डप्रेस का प्लेटफॉर्म नहीं छोड़ना चाहते तो अपना स्वयं का डोमेन ले सकते हैं जिसमें आप अपना वर्डप्रेस संस्करण लगा सकते हैं, या फिर वर्डप्रेस का प्रीमियम संस्करण वांछित राशि भुगतान कर ले सकते हैं जिसमें आपको यह अतिरिक्त सुविधा मिल सकती है अन्यथा ब्लॉगर का विकल्प नहीं।

प्रश्न–मेरे चिट्ठे को नित्य कम से कम कितने लोग पढ़ेंगे तब आय होगी?

उत्तर–ऐडसेंस दो तरह से भुगतान करता है–प्रतिहजार पेज लोड तथा प्रति क्लिक। यदि मात्र दस लोग भी आपके चिट्ठे को पढ़ते हैं और दसों उच्च भुगतान वाले विज्ञापनों को क्लिक करते हैं तो आपको हो सकता है दस डॉलर

मिल जाएँ और यह भी हो सकता है कि हजार लोग पढ़ें और कोई क्लिक न करे तो एक भी डॉलर न मिले। परन्तु औसतन यह बात भी सत्य है कि जितना अधिक आपका चिट्ठा पढ़ा जाएगा उतना ही पेज लोड व पेज क्लिक के जरिए अधिक आय होने की सम्भावना होगी। नित्य कम से कम एक हजार पेज लोड होने पर कुछ बोलने-बताने लायक आय हो सकेगी। और, जब आपके चिट्ठे को एक लाख लोग प्रतिदिन पढ़ने लगेंगे तो आप अमित अग्रवाल से भी बाजी मार ले जाएँगे।

हिन्दी ब्लॉग : विषय और उनकी भाषा

इंटरनेट का प्रयोग करने वाला हर हिन्दीभाषी किसी न किसी रूप से ब्लॉग से जुड़ने लगा है। अधिकांश ब्लॉग लेखन में उतर आए हैं। आज आप देखेंगे कि साहित्य विधा के ब्लॉग हैं तो विज्ञान और गणित के भी हैं। कलाकृतियों और फोटोग्राफी के ब्लॉग हैं तो ज्योतिष, कानून और अर्थ-व्यापार के भी। ब्लॉगों में न तो विषयों का अकाल है, और न ही लेखकों का। पन्ने रँगने की भी सीमा नहीं है। साथ ही, अपना लेखन तत्क्षण, त्वरित, रीयल टाइम में दुनिया के एक कोने से दूसरे कोने तक पहुँचाने के लिए इंटरनेट पर ब्लॉग जैसा दूसरा माध्यम नहीं हो सकता है।

तमाम यही वजहें रहीं कि हिन्दी ब्लॉगरों की संख्या दो लाख को पार कर चुकी है, और वे दुनिया के किसी न किसी कोने से प्रत्येक मिनट पोस्टें लिख रहे हैं। नेट पर आज हिन्दी सामग्री का भंडार है तो उसमें हिन्दी ब्लॉगों की सामग्री की अहम भूमिका है। हिन्द युग्म और रचनाकार जैसे ब्लॉग प्रकल्पों के जरिए मात्र दो-तीन वर्षों में ही लाखों पृष्ठों में हिन्दी की प्रचुर सामग्री नेट पर डाली गई है। और ऐसे प्रकल्प एक-दो नहीं, दर्जनों नहीं, बल्कि सैकड़ों हैं, और नित्य नए चले आ रहे हैं। हालाँकि ब्लॉगों में साहित्य और कविता विषयक सामग्री की प्रधानता दिखाई देती है, मगर हर सम्भावित विषय पर हिन्दी ब्लॉगों में लिखा जा रहा है। बहुत सी प्रयोगधर्मी रचनाएँ और प्रयोगधर्मी रचनाकार भी इंटरनेट पर ब्लॉगों के माध्यम से अवतरित हुए हैं जो इंटरनेट और ब्लॉग के बगैर शायद गर्भ में ही रह जाते!

इंटरनेट पर यूनिकोड हिन्दी आने के पहले एक तरह से ब्लॉगों में रोमन हिन्दी का ही साम्राज्य चलता था। बहुत से हिन्दी ब्लॉगों में शुरुआती पोस्टें रोमन हिन्दी में ही हुईं। बहुतों ने बीच का रास्ता चुना और कृतिदेव/चाणक्य

जैसे फॉण्टों में लिखकर उसका इमेज छापकर हिन्दी ब्लॉग लिखने की उम्दा कोशिशें कीं। बहुत सी हिन्दी की शे'रो-शायरी व कविताओं के ब्लॉग ऐसे ही प्रसिद्ध हुए। परन्तु अब स्थिति तेजी से बदली है और अब तो कम्प्यूटर पर हिन्दी (यूनिकोड देवनागरी) टाइप करने के तमाम किस्म के आसान औजारों से इंटरनेट पर हिन्दी ब्लॉगों का एक तरह से महाविस्फोट हो गया है। कयास लगाए जा रहे हैं कि इंटरनेट पर हिन्दी पृष्ठों की संख्या अंग्रेजी व चीनी के बाद तीसरे नम्बर पर जल्द ही पहुँच जाएगी। इंटरनेट पर हिन्दी पृष्ठों में खासा इजाफा ब्लॉगों, फेसबुक, ऑरकुट जैसे सोशल नेटवर्किंग साइटों के हिन्दी प्रयोक्ताओं के कारण हो रहा है। इन साइटों के प्रयोक्ता दिन दूनी रात चौगुनी दर से बढ़ रहे हैं और सामग्री दिन चौगुनी रात नौगुनी की दर से। इंटरनेट से जुड़ा हर व्यक्ति अपनी बात, अपने विचार, अपना सृजन सबके सामने रखना चाह रहा है और ऐसे में ब्लॉगों के अलावा कोई दूसरा बढ़िया आसान औजार कोई है ही नहीं।

प्रश्न उठता है कि हिन्दी ब्लॉगर की हिन्दी कैसी है? हिन्दी इन नए माध्यमों के आने से क्या कुछ बदल रही है और इन माध्यमों का हिन्दी भाषा, शैली आदि पर क्या कोई प्रभाव पड़ रहा है?

इंटरनेट पर अपने तरह के अनगिनत 'हंस के अभिनव ओझा' अवतरित हो गए हैं जो गाहे-बगाहे, ठहरते-विचरते ब्लॉगों की भाषा, व्याकरण और वर्तनी की गलतियों की ओर इंगित करते रहते हैं। यहाँ फर्क यह है कि मामला एकतरफा नहीं होता। कुछ समय पहले तकनीकी हिन्दी फोरम में शब्दकोश के 'कोश' या 'कोष?' को लेकर लम्बी बहस छिड़ी जो हफ्तों जारी रही और जब इस सिलसिले में हिन्दी भाषा के इतिहास के पन्ने खुले तो तथाकथित बड़े साहित्यकारों समेत ऐसे ओझाओं के तथाकथित ज्ञान की परतें भी खुल गईं। हिन्दी ब्लॉगों में एक ओर भाषा में परिशुद्धता के पैरोकारों की कमी नहीं है तो दूसरी ओर मस्त-मौला चाल में अपनी भाषा, अपनी वर्तनी और अपने स्टाइल में लिखने वालों की भी कमी नहीं है। आपकी परिशुद्ध भाषा जाए भाड़ में हमारी तो अपनी शैली, अपनी भाषा—के तर्ज पर। वैसे भी, जब आप ट्रांसलिटरेशन जैसे औजारों की सहायता से लिख रहे हों तो 'कि' और 'की' में फर्क को पाठकों पर ही क्यों न छोड़ दें! बात यहीं तक थी तब तक भी ठीक-ठाक था। घोर प्रयोगवादी हिन्दी ब्लॉगर तो देवनागरी लिपि का भी अन्तर्राष्ट्रीयकरण कर रहे हैं—यानी तुक भिड़ानी हो तो धड़ल्ले से रोमन लिपि का प्रयोग। आपको यह बात भले ही ऊटपटाँग लगे, मगर ऐसे ही एक प्रयोगवादी कवि राहुल

उपाध्याय की 'इंटरनेशनल हिन्दी' में यह शानदार गजल देखिए जो उन्होंने अपने ब्लॉग पर छापी है :

21वीं सदी

डूबते को तिनका नहीं 'lifeguard' चाहिए
'graduate' को नौकरी ही नहीं 'green card' चाहिए

खुशियाँ मिलती थीं कभी शाबाशी से
हर किसी को अब 'monetary reward' चाहिए

जो करते हैं दावा हमारी हिफाजत का
उन्हें अपनी ही हिफाजत के लिए 'bodyguard' चाहिए

घर बसाना इतना आसान नहीं इन दिनों
कलेजा पत्थर का और हाथ में 'credit card' चाहिए

'blog. email' और 'groups' के जमाने में
भुला दिए गए हैं वो जिन्हें सिर्फ 'postcard' चाहिए

तो एक तरफ ब्लॉगों में हिन्दी भाषा के प्रयोग में अखबारी किस्म का घालमेल बहुतायत में नजर आता है, वहीं दूसरी तरफ छिटपुट तौर पर भाषा प्रयोग के नए अनगढ़ शिल्प भी देखने को मिलते हैं। प्रमोद सिंह अपने ब्लॉग में भाषायी प्रयोग के अनूठे उदाहरण प्रस्तुत करते रहते हैं। वे पठन-पाठन में थकने की बात कुछ इस नए, नायाब अन्दाज में कह रहे हैं :

> "...लल्ली बरसात का पानी में लेसराया साड़ी समेट रही थी, मने असमंजस था कि कड़ाही में चूड़ा भूज लें कि पाव भर पकौड़ी छान लें, उखड़े मन छनछनाई बोलीं, तुम लोक को सरम नहीं लगता कि इसके और उसके पीछे साहित्तिक अलता सजाते चलते हो? सोहर गाते हो तो अइसा जेमें दू आना के जलेबी जेतना भी मिठास नहीं है, और हमरे छिनके मन को अपने बभनई में उलझाते हो? हमरे बिस्वाहस को? हमरे मन के अन्तरंग के अनुराग को?..."

यह एक ऐसी हिन्दी है जिसमें आंचलिकता की छाप है, देसी मिट्टी की सुगन्ध है, नए शब्दों का छौंक है। जाहिर है, हिन्दी ब्लॉगों में एक ओर हिन्दी

का घोर इंटरनेशलाइजेशन हो रहा है तो दूसरी ओर आंचलिक भाषाओं, बोलियों को अपने पवित्र रूप में फलने-फूलने और जमे रहने का सस्ता, सुन्दर और टिकाऊ वातावरण भी मिला है जहाँ अवधी भी है, मालवी भी है, बुंदेलखंडी, छत्तीसगढ़ी, भोजपुरी, हरियाणवी इत्यादि सब के सब हैं। और, यदि आपमें क्रिएटिविटी हो तो इनमें घालमेल कर कोई नई सरसराती भाषा शैली भी ईजाद कर लें, और यकीन मानिए, आपके फालोअरों की कोई कमी नहीं होगी। ब्लॉग है ही ऐसा। सबके लिए स्पेस। वृहत्। अनन्त। असीमित।

सन्दर्भ

अभिव्यक्ति.ऑर्ग
http//www.abhivyakti&hindi.org/vigyan_varta/pradyogiki/2004/blogs.htm
कौलऑनलाइन.कॉम
निरन्तर.ऑर्ग
http://www.nirantar.org/0605&nidhi
ब्लॉग छींटें और बौछारें
http://raviratlami.blogspot.com/2007/02/commercial&hindi& blog&faq.html
रचनाकार.कॉम
http://rachanakar.blogspot.com/2008/08/3-html
बालेंदु.कॉम
कादम्बिनी : हिन्दी ब्लॉग विशेषांक
दैनिक भास्कर : हिन्दी दिवस विशेषांक 2010

raviratlami@gmail.com

हिन्दी में इंटरनेट : अवरुद्ध विकास की गाथा

आर. अनुराधा

पिछले 15 वर्षों के समय को भारत, खासतौर पर हिन्दी, में इंटरनेट के अद्वितीय विकास और विस्तार के समय के रूप में दर्ज किया गया है। कई सर्वेक्षणों से साबित किया गया कि इंटरनेट के इस्तेमाल और कंटेंट निर्माण में अंग्रेजी और मन्दारिन (चीनी) भाषा के बाद हिन्दी का ही स्थान होने वाला है। कारोबार हो या मनोरंजन या फिर निजी संवाद, सारे काम हिन्दी में होने के दावे भी हुए। हिन्दी भाषा में अपना दैनिक काम-काज और कारोबार करने वालों के लिए सुनिश्चित सुनहरे भविष्य की प्रस्तावनाएँ ही नहीं, अध्याय भी लिख दिए गए।

आँकड़े बताते हैं कि हिन्दी विश्व की तीसरी सबसे ज्यादा बोली जाने वाली भाषा है। देश की तेजी से बढ़ती आबादी को एक विशाल बाजार के रूप में देखने के कारण यहाँ की राजभाषा में व्यापारिक-व्यावसायिक सम्भावनाएँ भी स्वाभाविक रूप से उतनी ही बड़ी दिखाई पड़ रही हैं। चीन के बाद दूसरी सबसे तेजी से विकसित हो रही अर्थव्यवस्था में कारोबार के ढाँचे को मजबूत बनाने के लिए दुनिया-भर की आईटी कम्पनियाँ अपनी हर नई हार्डवेयर और सॉफ्टवेयर तकनीक को भारतीय भाषाओं, खासकर हिन्दी, में इस्तेमाल के अनुकूल बना रही हैं। इसका फायदा देश के आम लोगों को भी अनायास ही मिलने लगा है। माइक्रोसॉफ्ट ने 1998 में विंडोज ऑपरेटिंग सिस्टम में हिन्दी को पहली बार प्रयोग के तौर पर शामिल किया। फिर विंडोज 2000 के भारतीय वर्जन में हिन्दी को इस हद तक समाहित कर लिया गया कि हिन्दी का इंटरफेस यानी मेन्यू आदि भी देखा जा सकता है। तब तक विकसित हो चुके कई फॉण्टों के लिए अनुकूलित ओएस पर सिर्फ की-बोर्ड सेटिंग बदलकर हिन्दी टाइपिंग की सुविधा पाई जा सकती थी। उसके बाद से एक्सप्लोरर, मोजिल्ला, क्रोम जैसे ब्राउजर और सन माइक्रो सिस्टम्स, लिनक्स, मैकिंटॉश, विंडोज जैसे ऑपरेटिंग सिस्टम सभी अपने सॉफ्टवेयर में हिन्दी और भारतीय भाषाओं को बराबर जगह

और तरजीह दे रहे हैं। हिन्दी को समर्थन देने में गूगल सबसे सक्रिय साबित हुआ है। हिन्दी और दूसरी कई भारतीय भाषाओं में सभी भाषायी औजार–यूनिकोड फॉण्ट के जरिए सीधे टाइपिंग से लेकर हिन्दी टाइपिंग से अनजान लोगों के लिए ट्रांसलिटरेशन, ई-मेल लेखन, सर्च इंजन, अनुवाद आदि तक सभी कुछ अंग्रेजी के बराबर ही उपलब्ध है।

विदेशी कम्पनियों के इतनी तकनीकी सहूलियत देने, ऐसा सुविधाजनक मैदान तैयार कर दिए जाने के बावजूद अपने देश में आईटी की घास पर हम अपने हिस्से का पानी छिड़कने का काम तक नहीं कर पाए हैं। हिन्दी को राजभाषा के तौर पर बढ़ावा देने के लिए सरकारी क्षेत्र में सी-डैक जैसी संस्थाएँ हैं जिन्होंने कम्प्यूटर को हिन्दी समर्थित बनाने के लिए आई लीप और लीप ऑफिस जैसे सॉफ्टवेयर और उस पर चल सकने वाले विविध फॉण्ट शुरुआती समय में विकसित किए। वर्तनी शोधन (स्पेल चेक), शब्दकोश, मशीन असिस्टेड ट्रांसलेशन टूल (मात्रा), ओसीआर (ऑप्टिकल कैरेक्टर रिकग्निशन) और अंग्रेजी से हिन्दी और विभिन्न भारतीय भाषाओं में आपसी अनुवाद का एक सॉप्टवेयर 'अनुसारक' भी सी-डैक ने बनाया। हालाँकि ये सभी सॉप्टवेयर एक समय में थोड़ी सी चमक दिखाकर लगभग गायब ही हो गए। इतना सब करने के बाद भी हिन्दी में फॉण्ट और की-बोर्ड ले-आउट के मानकीकरण का आधारभूत काम अब तक नहीं हो पाया है, यह वाकई आश्चर्य की बात है।

शुरुआत में हिन्दी में कम्प्यूटर का की-बोर्ड टाइपराइटर से जस-का-तस ले लिया गया जिसमें ज्यादातर अक्षर बनाने के लिए दो कुंजियों का इस्तेमाल करना पड़ता था। इसमें थोड़ा-बहुत सुधार हुआ भी, लेकिन संयुक्ताक्षरों के लिए फिर भी तीन या चार कुंजियों के समवेत इस्तेमाल की जरूरत पड़ने लगी। ऐसी टाइपिंग की सुविधा देने वाले की-बोर्ड को रेमिंग्टन की-बोर्ड कहा जाता है। इस बीच हिन्दी के विभिन्न प्रकाशन संस्थानों, अखबारों ने अपने-अपने फॉण्ट विकसित किए जिसे वे आपस में साझा नहीं करते थे, बल्कि कई कारणों से प्रतिस्पर्धियों से छुपाकर ही रखते थे। नतीजतन, टाइप की गई सामग्री इंटरनेट से किसी को भेजनी हो तो साथ में फॉण्ट भेजना जरूरी होता था, जो आमतौर पर चोरी से ही भेजा जाता था। यह स्थिति कम्प्यूटर पर हिन्दी के विकास के बजाय अवरोध का ही सबब बनी।

बाद में यूनिकोड प्रणाली आई जिसमें हर कैरेक्टर यानी अक्षर, मात्रा, विराम चिह्न या संकेत के लिए एक अंक और की-बोर्ड पर एक बटन तय होता है। इसीलिए इसमें बिना तकनीकी बदलाव किए विभिन्न भाषाओं, प्लेटफॉर्मों पर

डेटा का आदान-प्रदान किया जा सकता है। इसमें ट्रांसलिटरेशन जैसी सुविधा भी है, यानी भारतीय भाषा में टाइपिंग न जानने वाले भी किसी भी भाषा के शब्दों को रोमन में लिखकर अपनी चुनी हुई भाषा के अक्षर कम्प्यूटर स्क्रीन पर देख सकते हैं। लेकिन वर्तनी की शुद्धता इससे नहीं सुनिश्चित की जा सकती क्योंकि यह अंग्रेजी के स्पेलिंग पर आधारित टाइपिंग है जिसमें भारतीय भाषाओं वाला फोनेटिक चरित्र नहीं है, यानी इसमें एकल या जोड़ी अक्षर का उच्चारण हमेशा एक ही नहीं रहता, जिस शब्द में इस्तेमाल किया जा रहा है, उसके अनुसार बदलता रहता है। भारतीय भाषाओं में इस तरीके से टाइप करने में सबसे बड़ी दिक्कत यह है कि कम्प्यूटर पर की-इन का काम आपकी भाषा के सीधे रास्ते नहीं चल रहा है बल्कि एक विजातीय, असम्बद्ध भाषा-वर्ग की भाषा के रास्ते से होकर आता है।

अब भी कई महत्त्वपूर्ण सॉफ्टवेयर हैं जिन पर यूनिकोड आधारित फॉण्ट काम नहीं करते। एडोबी के बनाए पेजमेकर (पेज ले-आउट के लिए), फोटोशॉप (तसवीरों पर काम करने के लिए), रीडर (पीडीएफ) आदि आज भी यूनिकोड आधारित मंगल जैसे फॉण्ट के उपयुक्त नहीं हैं। इनमें कृतिदेव, चाणक्य जैसे पुराने नॉन-यूनिकोड फॉण्ट से ही काम चलाना पड़ता है। ऐसे मौकों के लिए फॉण्ट कन्वर्टर भले ही विकसित कर लिये गए हों, पर उनमें भी आपसी कम्पेटिबिलिटी की समस्या है, जो फॉण्ट परिवर्तित टेक्स्ट के बीच-बीच में जंक यानी अपठनीय चिह्नों के रूप में नजर आती है। जापान जैसे कम आबादी वाले और चीन जैसे विकसित होते देश भी माइक्रोसॉफ्ट को अपनी भाषा में ब्राउजर और ओएस बनाने पर मजबूर कर पाए तो हमें भी अपने संख्या-बल से इसे बखूबी कर सकना चाहिए। लेकिन इसके लिए जो इच्छाशक्ति होनी चाहिए वह हमारे पास नदारद है।

असमान फॉण्ट की समस्या का एक और आयाम है—की-बोर्ड ले-आउट—यानी की-बोर्ड पर किस अक्षर या कैरेक्टर वाली कुंजी कहाँ होगी, की अनिश्चितता। अगर अंग्रेजी के 'के' अक्षर पर मंगल फॉण्ट में 'क' अक्षर टाइप होता है, तो कृतिदेव या चाणक्य में उस जगह पर कोई और अक्षर होगा। इस तरह एक की-बोर्ड ले-आउट पर काम करने का अभ्यस्त व्यक्ति दूसरे पर अनाड़ी साबित होगा। अगर किसी के घर और दफ्तर के की-बोर्ड में यह अन्तर है तो यह स्थिति भी उसे कम्प्यूटर पर काम करने के लिए हतोत्साहित ही करेगी। और दिलचस्प बात यह है कि यूनिकोड आने के बाद भी हिन्दी में दर्जन भर से ज्यादा की-बोर्ड ले-आउट चलन में हैं।

यूआरएल यानी वेबसाइट के पते के लिए हमारा अंग्रेजी जानना जरूरी बना हुआ है, तो उसका एक कारण फॉण्ट की समरूपता न होने की हमारी अपनी कमजोरी है। इंटरनेट कॉरपोरेशन फॉर असाइंड नेम्स ऐंड नम्बर्स (आईकैन) नाम का संगठन दुनिया-भर के डोमेन नामों की निगरानी, व्यवस्था और इससे जुड़े फैसले करता है। संगठन में कई बार हिन्दी में डोमेन नेम यानी वेब पते देने के मसले पर विचार हो चुका है। लेकिन इसे समर्थन न मिलने का बड़ा कारण फॉण्ट की समरूपता न होना ही है। अंग्रेजी में एड्रेस बार पर शुरू के कुछेक अक्षर टाइप करते ही कई सम्बन्धित साइटों की सूची दिख जाती है या फिर वेब पेज पर तत्काल सभी सम्बन्धित वेब पेजों के लिंकों को देखा जा सकता है क्योंकि उसमें, उदाहरण के लिए–'एस' टाइप करने पर रोमन लिपि के हर फॉण्ट में, दुनिया के किसी भी सिस्टम पर उसे 'एस' ही समझा जाता है। लेकिन हिन्दी में मंगल में टाइप किया गया 'स' किसी दूसरे वेब पेज या मशीन के लिए अबूझ, 'जंक' हो सकता है अगर उस जगह वही फॉण्ट उपलब्ध न हो। हिन्दी में किसी तय/मानक फॉण्ट के जरिए ही हम यह सुविधा पा सकते हैं क्योंकि तभी हमारा कम्प्यूटर दुनिया के किसी भी मानक फॉण्ट में बनी हिन्दी साइटों को पकड़ पाएगा। यानी मौजूदा स्थिति में अंग्रेजी जाने बगैर हम इंटरनेट का पूरा इस्तेमाल नहीं कर सकते। यही स्थिति रही तो हम अपने फॉण्टीय कुएँ के मेढक बने रहेंगे।

विदेशी कम्पनियों के सहारे अपनी भाषा में कम्प्यूटर इस्तेमाल की सुविधा के मामले में इतना आगे बढ़ आने पर भी हम फॉण्ट और की-बोर्ड के मानकीकरण जैसे छोटे-से लेकिन आधारभूत मसले को दशकों में भी सुलझा नहीं पाए हैं। ऐसा नहीं है कि तकनीक के विशेषज्ञों को इसका अन्दाजा नहीं है। लेकिन उन पर इसका उपाय खोजने का पर्याप्त दबाव भी नहीं है। ऐसा दबाव बना पाने में सक्षम हिन्दी भाषा के धुरन्धरों में ज्यादातर को इस बड़ी कमी का भान तक नहीं क्योंकि वे कम्प्यूटर पर काम नहीं करते या अंग्रेजी से उनका काम बखूबी चल जाता है।

80 करोड़ लोगों की भाषा होने के बाद भी हिन्दी, आम हो चुकी इंटरनेट जैसी तकनीक के मामले में भी इस हाल में है। भारत में ऑनलाइन और मोबाइल उद्योग का लेखा-जोखा रखने वाली स्वतंत्र संस्था इंटरनेट एंड मोबाइल एसोसिएशन ऑफ इंडिया की भारत में क्षेत्रीय भाषाओं में कंटेंट मार्केट पर 2009 की रिपोर्ट[1] के मुताबिक टेलीविजन दर्शकों में 39 फीसदी मनोरंजन चैनल देखते हैं तो लगभग उतने ही, 38 फीसदी, क्षेत्रीय भाषाओं के चैनल देखते हैं।

यानी टेलीविजन पर लोगों का अपनी भाषा की ओर रुझान ज्यादा होता है। लेकिन यही बात इंटरनेट के लिए सही साबित क्यों नहीं हुई?

दुनिया में 10 सबसे ज्यादा बोली जाने वाली भाषाएँ[2]

भाषा	*बोलने वाले*
चीनी	1.05 अरब
अंग्रेजी	51 करोड़
हिन्दी	49 करोड़
स्पैनिश	42 करोड़
रूसी	22.5 करोड़
अरबी	23 करोड़
जर्मन	22.9 करोड़
बांग्ला	21.5 करोड़
पुर्तगाली	21.3 करोड़
जापानी	12.7 करोड़

इंटरनेट पर 10 सबसे ज्यादा इस्तेमाल होने वाली भाषाएँ[3]

भाषा	*इंटरनेट उपभोक्ता (%)*	*उपभोक्ताओं की संख्या (मिलियन)*
अंग्रेजी	30.5%	430.8
चीनी	20.4%	276.2
स्पैनिश	6.8%	124.7
जापानी	1.9%	94
फ्रांसीसी	6.1%	68.2
जर्मन	1.4%	61.2
अरबी	5.4%	59.8
पुर्तगाली	3.6%	58.1
कोरियाई	1.1%	34.8
इतालवी	0.9%	34.7
अन्य	21.8%	220.9

इसी रिपोर्ट के मुताबिक, देश के गाँवों की कुल साक्षर आबादी में से सिर्फ 17 फीसदी अंग्रेजी जानती है जबकि शहरों के साक्षरों में 37 फीसदी अंग्रेजी जानते हैं। शेष यानी शहरों की 63 फीसदी और गाँवों की 83 फीसदी साक्षर आबादी हिन्दी और दूसरी भाषाएँ जानती है, अंग्रेजी नहीं। इसी के साथ ब्रॉडबैंड की पहुँच के आँकड़े देखें तो ट्राई के अनुसार[4] अप्रैल 2012 में देश में कुल 1.4 करोड़ ब्रॉडबैंड (256 के.बी.पी.एस.) इंटरनेट उपभोक्ता थे जबकि मार्च 2012 में यह संख्या 1.38 करोड़ थी। अप्रैल 2011 से अप्रैल 2012 के बीच की सालाना बढ़ोतरी की दर 15.04 फीसदी रही। शहरों के, अंग्रेजी बोलने-जानने वाले इंटरनेट का भी उपभोग ज्यादा करते हैं और वे ही बेहतर कनेक्टिविटी का आनन्द लेते हैं। गैर-शहरी उपभोक्ता हिन्दी या क्षेत्रीय भाषा में इंटरनेट का इस्तेमाल ज्यादा करते हैं। गैर-शहरी इलाकों में इंटरनेट और ब्रॉडबैंड की पहुँच कम है। वहाँ लोगों की क्रय-क्षमता भी शहरातियों के मुकाबले कम है जिससे कम्प्यूटर और इंटरनेट कनेक्टिविटी उनकी पहुँच से ज्यादा दूर है। 3-जी तकनीक के आने के बाद से मोबाइल इंटरनेट को बेहद बढ़ावा मिला है। मगर यह भी अभी मुख्यतः शहरों में ही है। कॉमस्कोर की जून 2011 की रिपोर्ट बताती है कि भारत में कुल साढ़े तीन करोड़ लोग साइबर कैफे से और कोई सवा चार करोड़ घर-दफ्तर से इंटरनेट तक पहुँचते हैं।

हिन्दी और भारतीय भाषाओं में कम्प्यूटर सुविधाओं के विकास के साथ ही लोगों का रुझान अपनी भाषा के इस्तेमाल के प्रति बढ़ा है।

2007 के आँकड़ों के अनुसार[5]–स्थानीय भाषाओं में इंटरनेट पर होने वाली गतिविधियों का पैटर्न देखें तो 21 फीसदी लोग ई-मेल के लिए इसका इस्तेमाल करते हैं, 20 फीसदी समाचारों के लिए, 11 फीसदी चैट आदि के लिए और 7 फीसदी सर्च के लिए इस्तेमाल करते हैं। एक अन्य सर्वेक्षण के अनुसार[6] वर्ष 2008 में देश के 72 फीसदी इंटरनेट यूजर्स ने स्थानीय भाषा में इंटरनेट पर काम करने को प्रमुखता दी, हालाँकि सिर्फ 34 फीसदी ही अपनी भाषा के वेबसाइट देखते थे। इसके मुकाबले 2007 में 59 फीसदी लोगों ने अपनी भाषा में इंटरनेट को तवज्जो दी और सिर्फ 12 फीसदी क्षेत्रीय भाषा के वेबसाइट देखते थे। 2007 में 41 फीसदी लोगों ने नेट पर अंग्रेजी को प्रमुखता दी, 2008 में यह संख्या 28 फीसदी थी। साफ लगता है कि अगर सुविधा हो तो लोग अपनी भाषा में ही इंटरनेट पर काम/संवाद करना और ज्ञान पाना चाहते हैं।

2007 से 2008 के बीच क्षेत्रीय भाषाओं के टूल्स में काफी पैनापन आया। इस बीच फेसबुक और ट्विटर जैसे सोशल नेटवर्किंग साइट्स का इस्तेमाल तेजी

से बढ़ा है। यहाँ भी अंग्रेजी या रोमन लिपि अपनाने वालों का दबदबा है, कभी चाह कर लेकिन ज्यादातर मजबूरी में। हिन्दी में कम्प्यूटर टूल्स और सामग्री जरूरत से बहुत कम है, जिसकी पूर्ति उपभोक्ता आखिर अंग्रेजी से करता है। इस तरह अंग्रेजी में इंटरनेट की माँग बढ़ती है, तो आपूर्ति भी उसी अनुपात में बढ़ती है। कुल मिलाकर अंग्रेजी बनाम हिन्दी के माँग-आपूर्ति का तराजू अंग्रेजी की तरफ लगातार भारी पड़ता जा रहा है।

हिन्दी में ब्लॉगिंग

पिछले कुछ वर्षों में हिन्दी ब्लॉगिंग में भी खासा उत्साह देखा गया। हिन्दी में कम्प्यूटर इस्तेमाल की थोड़ी सी सहूलियत मिलते ही लोगों ने इसका भरपूर इस्तेमाल करना शुरू किया। हिन्दी का पहला ब्लॉग '9-2-11' 2 मार्च, 2003 को कम्प्यूटर तकनीक के क्षेत्र से जुड़े आलोक कुमार का था[7]। इसके बाद से 2006 तक हिन्दी में ब्लॉग रचना ने धीरे-धीरे गति पकड़ी। 2010 तक पंजीकृत हिन्दी ब्लॉगों की संख्या एक लाख से ज्यादा हो गई। हालाँकि इनमें से कई हजार ब्लॉग अब सक्रिय नहीं हैं। सबसे बड़ी बात यह है कि साहित्य, संस्कृति, सिनेमा और सामाजिक मुद्दों पर इन एकल और सामुदायिक ब्लॉग्स पर गतिविधियाँ ज्यादा हैं और खयालात का बेतकल्लुफ इजहार उनकी खासियत। इन ब्लॉग्स और ब्लॉगर्स को जोड़ने में एग्रीगेटर्स ने भी महत्त्वपूर्ण भूमिका निभाई। 'चिट्ठाविश्व', 'नारद', 'चिट्ठाजगत्' और 'ब्लॉगवाणी' जैसे एग्रीगेटर साइट्स ने एक समय हिन्दी ब्लॉगर्स के लिए खुद को अपरिहार्य बना लिया था।

एग्रीगेटर ऐसे वेबसाइट होते हैं, जहाँ लोग अपने ब्लॉग को रजिस्टर कराते हैं, उसके बाद उनके यहाँ पर हुई हर गतिविधि एग्रीगेटर पर अपने आप दर्ज होती रहती है। साइट पर ताजा, पिछले 24 घंटों, महीने या साल भर की सबसे ज्यादा पसन्द की गई, ज्यादा टिप्पणियाँ पाने वाली या ताजातरीन पोस्टों-टिप्पणियों की सूची भी रीयलटाइम में देखी जा सकती है, किसी खास ब्लॉग या विषय या व्यक्ति की पोस्टों को सर्च के जरिए खोजा जा सकता है। इसके जरिए हिन्दी ब्लॉगर्स परिचितों के और अपनी पसन्द के विषयों के ब्लॉग्स के अलावा दूसरी चर्चित पोस्टों पर भी अपने उत्साह के अनुपात में पहुँच रहे थे और विमर्श में भागीदारी कर रहे थे। पर लोकप्रिय होने के बावजूद कोई कारगर रेवेन्यू मॉडल न बन पाने के कारण एक-एक करके सभी एग्रीगेटर बन्द हो गए। नित नई तकनीकें, सॉफ्टवेयर के नए वर्जन आ रहे हैं, जिनके मुताबिक अपने साइट में

बदलाव लाना भी जरूरी होता है। साइट के डेटा को नए प्लेटफॉर्म पर शिफ्ट करने के लिए जाहिर है, उन नई तकनीकों को खरीदना और इसके लिए पैसा खर्च करना होता है, जो कि बिना आर्थिक सहयोग के सम्भव नहीं, और एग्रीगेटर्स से यह पैसा नहीं जुट पाया। गूगल की ब्लॉग सुविधा ब्लॉगर्स पर ऐडसेंस आदि ऑटो ऐड की व्यवस्था है, जो विषय और हिट्स के अनुसार ब्लॉग साइट्स पर अपने आप विज्ञापन लगाता है और उस पर मिलने वाले हिट्स के मुताबिक भुगतान भी करता है। लेकिन शायद ही हिन्दी में कोई ब्लॉग होगा जो इस तरह पर्याप्त और सतत आमदनी कर पा रहा है। कोई लाख भर हिन्दी ब्लॉग होने के बावजूद किसी ब्लॉग पर एक दिन के हिट हजार से ज्यादा नहीं हैं। विज्ञापन पर गुजारा मुश्किल है, पे-पाल जैसी कोई व्यवस्था नहीं है जिसमें पाठक या यूजर हर विजिट पर कुछ पैसे देता।

एग्रीगेटर्स के बन्द हो जाने से बड़ा नुकसान हिन्दी ब्लॉगिंग से नाता रखने वालों को हुआ है। अब नए खुल रहे ब्लॉग्स की जानकारी पाना सहज नहीं है। जिनकी जानकारी आपको नहीं है, वे आपके लिए तो अनुपस्थित ही हैं। लोकप्रिय, पसन्द किए जा रहे ज्यादा टिप्पणियाँ पाने वाले ब्लॉग्स, इन पर बहस के मुद्दों की जानकारी अब आसानी से नहीं हो पाती। खोज-खोजकर ब्लॉगपोस्ट पढ़ना व्यावहारिक और कई बार सम्भव भी नहीं है। गूगल की स्वचालित ब्लॉग सर्च सेवा की फीड से नेटवाइब्स बनाया गया है पर इसमें भी सर्च ही करना पड़ता है। हमें अपने आप अपडेट नहीं मिलते। चिट्ठाजगत् एग्रीगेटर फिर चालू किया गया है लेकिन इसमें मुश्किल से कुल एक सेंटीमीटर जगह पर ब्लॉग, ब्लॉगर का नाम, पोस्ट शार्षक और किस तारीख को, कितने मिनट पहले अपलोड किया गया—यही जानकारी है। इसमें कोई इंटरैक्टिव लिंक नहीं है, यहाँ तक कि एडमिनिस्ट्रेटर तक पहुँचने का लिंक तक नहीं। बस, सदस्यों के ब्लॉग-पोस्टों को एकत्र किया जा रहा है और उनकी पहुँच की भी सीमा है। हाँ, 'चिट्ठा-चर्चा' नाम से ब्लॉग-समीक्षा साइट अभी चालू है, जिस पर सदस्य या आमंत्रित ब्लॉगर हफ्ते की ब्लॉग-गतिविधियों पर अपनी टिप्पणी करते हैं।

'ब्लगप्रहरी' नाम का एक हिन्दी ब्लॉग नेटवर्क और है, जो पंजीकृत सदस्यों को एग्रीगेटर की सेवा भी देता है। यह मूलतः पोर्टल है जिसमें ई-मेल, ब्लॉगिंग, माइक्रो-ब्लॉगिंग, चैट, ग्रुप बनाने और फोटो अपलोड करने आदि जैसी सुविधाएँ हैं। फिलहाल इसके 951 सदस्य हैं। इस साइट ने हिन्दी अन्तर्जाल के उपयोगकर्ताओं की कई जरूरतों का समाधान अपने यहाँ उपलब्ध कराया है।

हिन्दी में इंटरनेट कंटेंट पर भी चर्चा होनी चाहिए। हिन्दी में किताबों की तरह इंटरनेट पर भी कुल कंटेंट पाठक संख्या के अनुपात में अपेक्षाकृत कम और एकरस है। जून 2012 में अंग्रेजी विकिपीडिया के 39,70,000 समृद्ध लेखों के मुकाबले हिन्दी में 1,02,848 लाख आधे-पूरे लेख हैं। गूगल सर्च में खाँटी हिन्दी के शब्दों को खोजें तो भी अंग्रेजी में सर्च परिणाम हिन्दी से कहीं ज्यादा हैं।

हिन्दी में इंटरनेट पर खबरें हैं, सूचनाएँ हैं, पर यह ज्ञान का, गम्भीर विमर्श का मंच नहीं बन पाया है। क्षेत्रीय भाषाओं और हिन्दी में यूजर-जनरेटेड सामग्री ही ज्यादा है। बौद्धिक से ज्यादा यह कुछ लोगों के भावनात्मक प्रयासों का नतीजा है। ज्यादातर सामग्री प्रिंट में प्रकाशित होने के बाद यहाँ दोहराई जाती है। इसमें अन्य ब्लॉग-पोस्ट से लेकर अखबारों और किताबों तक सब शामिल हैं। दरअसल, हिन्दी में विमर्श का कुल परिदृश्य भी ऐसा ही है। यह एलीट की, प्रभुवर्ग की भाषा है ही नहीं, न ही यह राजकाज की भाषा है। सरकारी विभागों के हिन्दी साइट्स पर भी कंटेंट बेहद कम हैं। जो हैं, वे भी आदिम तकनीक के बेहतरीन नमूने हैं। डाइनैमिक और इंटरैक्टिव तो कतई नहीं, जैसे उनके अंग्रेजी के वेबसाइट हैं। हालाँकि कुछेक राज्यों में सरकारों ने अपनी क्षेत्रीय भाषाओं में सूचनाप्रद वेबसाइट बनाए हैं जो किसी अंग्रेजी साइट से कम नहीं हैं।

कुल मिलाकर हिन्दी समाज खुद भी यथास्थिति को बनाए रखने के हक में दिखता है, क्योंकि देश-समाज के लिए फैसले करने की ताकत रखने वाले प्रभुवर्ग का काम मौजूदा व्यवस्था में बेहतर ढंग से चल रहा है। उन्हें अपनी जगह, सत्ता और ताकत से उस उत्सुक दावेदार लेकिन अब तक वंचित–भारतीय भाषाओं के वास्तविक उपयोगकर्ताओं को दूर बनाए रखने में खासी सहूलियत होती है। वास्तव में संचार माध्यम में तकनीकी बदलाव तो आया है, पर अपनी जुबान न होने के कारण उसका कंटेंट, लोगों की अपनी बात, मुद्दे, भागीदारी का हिस्सा बढ़ाने का जरिया यह अब तक नहीं बन पाया है।

सन्दर्भ

1. वर्नाकुलर कंटेंट मार्केट इन इंडिया 2009–इंटरनेट एंड मोबाइल एसोसिएशन ऑफ इंडिया और आईएमआरबी इंटरनेशनल की रिपोर्ट
2. वही (www.vistawide.com/lUnguages से उद्धृत)
3. वही (www.vistawide.com/lUnguages से उद्धृत)

4. http://www.trai.gov.in/WriteReadData/Press Releases/Document/PR-TSD-Apr12.pdf.
5. वर्नाकुलर कंटेंट मार्केट इन इंडिया 2009–इंटरनेट एंड मोबाइल एसोसिएशन ऑफ इंडिया और आईएमआरबी इंटरनेशनल की रिपोर्ट
6. Digital Media Across Asia_Comm215.wetpaint.com/page/India:+Internet+Landscape
7. राकेश कुमार सिंह के इंडियन इंस्टीट्यूट ऑफ एडवांस स्टडीज में पढ़े गए पर्चे–'हिन्दी चिट्ठाकारी : एक और नई चाल?' से

ranuradha11@gmail.com

वर्चुअल स्पेस में चोखेरबाली

चोखेरबाली के बहाने हिन्दी ब्लॉगजगत् में स्त्री-विमर्श

धूल तब तक स्तुत्य है जब तक पैरों तले दबी है। उड़ने लगे, आँधी बन जाए, तो आँख की किरकिरी है, चोखेरबाली है।

...बेचैन करती है। आँख की उस किरकिरी को निकाल बाहर करना चाहता है समाज। वह जहाँ, जिस रूप में उपस्थित है—स्त्री उसकी आँखों को निरन्तर खटकती है—जब वह अपनी ख्वाहिशों को अभिव्यक्त करती है, जब-जब वह अपनी जिन्दगी अपने मुताबिक जीना चाहती है, जब-जब लीक से हटती है, अपनी अस्मिता की खोज करना चाहती है, तय मा़नकों को तोड़ती है अपनी कथनी, लेखनी या व्यवहार में; फिर चाहे वह वास्तविक जगत् में हो या आभासी जगत् में।

स्त्री का समाज में जो स्थान और स्थिति है, बहुत विचित्र है कि उसमें केवल सामाजिक-पारिवारिक अपेक्षाओं और वर्जनाओं के लिए स्थान है, अस्मिता और स्वतंत्र पहचान के लिए नहीं, लीक से अलग हटकर चल सकने के लिए तो बिलकुल नहीं। स्त्री को हमेशा बाँधने, सँजोने की भूमिकाएँ मिलीं और बिना एक आजाद चेतन इनसान हुए उन्हें निभाते चले जाने की सीख भी बचपन से ट्रेनिंग की तरह मिली। 'न' शब्द स्त्री के शब्दकोश में कभी डाला ही नहीं गया।

इसलिए जब भी स्त्री ने 'न' कहने का साहस किया, लीक से हटने की कोशिश की, स्वयं को एक स्वतंत्र, चिन्तनशील प्राणी के रूप में पहचानने और स्थापित करने का प्रयास किया, समाज के पितृसत्ता-पोषकों, चरित्र के ठेकेदारों, धर्म के रखवालों (इनमें पुरुष और साथ ही, पितृसतात्मक मानसिकता और संरचना में ढली स्त्रियाँ भी हैं) को यह नागवार गुजरा और बहकी स्त्रियों को तरह-तरह से राह पर लाने और दंडित किए जाने के लिए तरह-तरह के उपाय किए जाने लगे। वे स्त्रियाँ समाज की आँखों को खटकने लगीं। विरोध करने वाली महिला को क्या-क्या नहीं सहना होता है?

एकाध स्थान पर बदलाव आया है पर ज्यादा नहीं। चुड़ैल, डायन कहकर ऐसी स्त्री को कड़ाह के खौलते तेल में जलाया जा सकता है जो लीक पर नहीं चलती। कानून का डर हो तो ये काम चुपचाप हो जाते हैं और भनक भी नहीं लगती। कोई बावड़ी में कूद पड़ती है या आग लगा लेती है, किसी का पाँव खाई में फिसल जाता है। हम एक समय में कई युग जीते हैं, एक उत्तर आधुनिक युग है, एक आधुनिक, एक मध्यकालीन। लेकिन स्त्री की दासता का एक युग ऐसा है जो व्यतीत ही नहीं होता।

हिन्दी के वर्चुअल स्पेस में 'चोखेरबाली' स्त्री-विमर्श का पहला कम्युनिटी ब्लॉग है। जैसा कि किसी भी जेंडर मुद्दों पर होने वाले विमर्श के बारे में सामान्यतः सोचा जाता है, यह उस तरह का स्त्री पैरोकारों का, स्त्री पैरोकारों की नारेबाजी और झण्डा बरदारों का अड्डा नहीं है। यहाँ स्त्री-विमर्श की थियरी उन अनुभवों, कविताओं, कहानियों, विश्लेषणों, आपबीतियों, ऑब्जर्वेशंस, डायरियों में से उभरती है जिन्हें यहाँ सदस्य दर्ज करते हैं। स्त्री-विमर्श की जो भी सैद्धांतिकी यहाँ बनती है वह इन्हीं दर्ज घटनाओं, अनुभवों, विश्लेषणों, विरोध के बीच आकार लेती है। स्त्रियों का ऐसा मंच है जहाँ वे खुद से जुड़े मुद्दों और सवालों को कुछ आपबीती कुछ जगबीती के अन्दाज में कहती हैं। कुछ पुरुष सहयोग और कुछ समर्थन में तो कुछ इस अन्दाज से यहाँ आते हैं कि 'देखें ये स्त्रियाँ कुल मिलाकर क्या चाहती हैं।' अभी शुरुआत भर है। अभी मंजिलें ढूँढ़नी बाकी हैं। बातों सवालों-विवादों के रास्ते संवाद तक भी पहुँचना है और खास बात है कि ब्लॉग पर स्त्रियों को अपनी मध्यमवर्गीय चिन्ताओं से ऊपर उठकर आम औरत की आवाज को भी सुनना और कहना है।

आश्चर्य किया जा सकता है कि जहाँ हिन्दी के ब्लॉगर्स जो क्षेत्र, भाषा, धर्म जैसे दायरों से मुक्त हैं वहीं वे जेंडर विभेदों और पूर्वग्रहों से मुक्त नहीं दिखाई देते। इससे बार-बार महसूस होता है कि हिन्दी ब्लॉग-जगत् का ढाँचा भी मर्दवादी ही है। बहुत से ब्लॉगर जो हिन्दी में लिखते हैं अहिन्दी-भाषी हैं और भारत के अलावा विश्व-भर से अन्तर्जाल से जुड़े हैं लेकिन यह पुरुषवादी सोच कि—*अगर आप ब्लॉगिंग करती हैं तो खाना कौन बनाता है?* हिन्दी ब्लॉग-जगत् में दिखाई दे जाती हैं और विरोध करने पर बेवकूफ समाजवादी औरतें, भिन्नाटी औरतें, उछलने वाली औरतें, महिला मुक्ति मोर्चा जैसी उपाधियाँ भी मिल जाती हैं या आगे बढ़कर रेड लाइट एरिया खोल लेने का तीखा कटाक्ष सुना जा सकता है।

अपने मूल रूप में ब्लॉगिंग स्पेस देती है बिना किसी भेद-भाव के। ऐसा लगता है कि पितृसत्ता के संरक्षकों को स्त्रियों की ब्लॉगिंग से खास दिक्कत नहीं

है क्योंकि घर से निकलकर अज्ञात रास्तों पर चलने से यह ज्यादा अच्छा है–वे 'नजर रख' सकते हैं स्त्री के चले रास्तों पर और जब चाहें, रोक भी सकते हैं उन्हें। औरतों के लिए भी बाह्य जगत् में निकलने के पचड़े नहीं, अपने किए को जस्टिफाई करने की जरूरत वैसी अनिवार्य नहीं होती। अनाम ब्लॉगिंग भी खूब चलती है जो कि पितृसत्ता के अनुकूल है। स्त्री के लिए ब्लॉगिंग के कुछ अलग मायने इसलिए भी हो जाते हैं क्योंकि यह अकेला ऐसा माध्यम है जो आम स्त्री को अभिव्यक्ति का अवसर देता है और वह भी किन्हीं भौतिक दिक्कतों के बिना। ब्लॉगस्फीयर में स्त्रियाँ विविध विषयों पर लिख रही हैं। खाना बनाने, बच्चे पालने, घर की देखभाल, नौकरी करने जैसे कई कामों के बीच ब्लॉगिंग! स्त्री को इन्हीं सब सामाजिक, पारिवारिक और व्यावसायिक दायित्वों के बीच समय निकालना होता है।

हिन्दी ब्लॉग विमर्श में स्त्री द्वारा कंटेंट नियंत्रण की शुरुआत चोखेरबाली से हुई है। जेंडर चर्चा स्त्री द्वारा संघर्षरत रहने और संवेदनशील बनाने की समानान्तर प्रक्रिया है जो किसी भी विमर्श के उभरने के लिए आधारभूत आवश्यकता है।

जब एक स्त्री अपनी पारम्परिक भूमिकाओं से निकलकर मनचीता करना चाहती है तो उसका रास्ता रोकने वालों में पितृसत्ता के चौकीदार पुरुष ही बाधा नहीं बनते बल्कि इसी व्यवस्था में रची-पगी स्त्रियाँ भी उतनी ही बाधक बनती हैं। हिन्दी ब्लॉगिंग और स्त्री-विमर्श के सन्दर्भ में यह पहला सवाल हो सकता है कि अपने 'बनने' की प्रक्रिया में स्त्री जो कुछ आत्मसात् करती है, जो पहचान उसे मिली है ब्लॉगिंग उसके विखंडन में किस तरह की भूमिका निभाती है। दूसरे, क्या ब्लॉग पर उपस्थित अपेक्षाकृत सक्षम समर्थ महिलाएँ जो डिजिटल डिवाइड के दूसरी ओर हैं, सूचना प्रौद्योगिकी के सबसे सशक्त माध्यमों में पुरुष एकाधिकार को चुनौती देने के साथ-साथ अपनी सामाजिक ट्रेनिंग को डी-लर्न कर पा रही हैं?

महिला ब्लॉगरों और खासतौर पर महिला विषयों पर बात करने वाले ब्लॉग्स पर उम्मीद की जाती है कि भावनाएँ, कविता, रसोई और रेसिपीज, नॉस्टेल्जिया, माँ, परिवार, बच्चे, पोषण, साफ-सफाई, बॉस को कैसे खुश रखें, गर्मियों में मेकअप, गिफ्ट लेन-देन जैसे विषयों पर लिखा जाए, जबकि पुरुषों के ब्लॉग्स पर एग्रीगेटर, ऐडसेंस फीडबर्नर, विजिटर ट्रैफिक, तकनीक, सहज मित्रवत् वार्तालाप/ चुटकुले, थियरी, घुमक्कड़ी के वृत्तान्त आदि को सामान्य माना जाता है। यह तो नहीं कहा जा सकता है कि महिलाओं की लेखनी उग्र नहीं होती

है या नहीं हो सकती है। लेकिन, यह सच है कि महिलाओं को लिखने लायक बहुत कम लोग मानते हैं।

इस दृष्टि से चोखेरबाली पर घरेलू श्रम के मूल्य का मुद्दा, विवाह, लिव-इन रिश्तों, विकल्पों की उपलब्धता और चुनाव की स्वतंत्रता, मानसिक पूर्वग्रहों जैसे विषयों पर हमेशा लिखा जाता रहा है। उसका कथ्य किसी विशेष किस्म की सामाजिक अपेक्षाओं एवं बाध्यताओं से तय/प्रभावित नहीं होता। एक वैचारिक मंच के रूप में चोखेरबाली तकनीक और कंटेंट पर नियंत्रण वाले मेन्स जोन में हस्तक्षेप कर रही है।

मूल बात यह है कि अपने सीमित दायरे में, अपने समय में और अपने सीमित माध्यम से चोखेरबालियाँ स्त्री-विरोधी सोच और सामन्तवादी रवैए का विरोध कर रही हैं। आज के समय की स्त्री के आक्रोश, असहमति, मत को रचनात्मक सामाजिक मंच प्रदान करने के साथ-साथ स्त्रियोचित से स्वयं को मुक्त करने का प्रयास भी जारी है। यह अपनी डी-लर्निंग की प्रक्रिया भी है। सामाजिक, राजनीतिक जीवन में स्त्री असमानता और हिंसा पर कड़ी आलोचनात्मक निन्दा का सामाजिक मंच तैयार करने के साथ-साथ चोखेरबाली नेट फेमिनिज्म की सार्थक भूमिका तैयार करने की दिशा में अग्रसर है।

चोखेरबाली का एजेंडा मोटे तौर पर इस तरह हो सकता है–

- स्व और अस्मिता की अपनी निजी परिभाषा की तलाश करना।
- अपने अतीत के निजी अनुभवों को दर्ज करना, उनकी व्याख्या और पड़ताल करना।
- सामाजिक-राजनीतिक जीवन में स्त्री असमानता और हिंसा पर आलोचनात्मक लेखन।
- नेटफेमिनिज्म की सार्थक भूमिका तैयार करना।
- सूचना प्रौद्योगिकी के सबसे सशक्त माध्यम में पुरुष एकाधिकार को चुनौती देना।
- अपने क्रोध, असहमति, मत को रचनात्मक सामाजिक मंच प्रदान करना।
- टेक्स्ट में छिपे स्त्री-विरोधी तेवरों और सामन्ती मंशाओं को डिकोड करना।
- स्त्री-विमर्श की अपनी भाषा गढ़ना।

4 फरवरी, 2008 को चोखेरबाली पर पहली पोस्ट आई किश्वर नाहिद की एक कविता 'घास बस मेरी तरह है' के रूप में। फिलहाल इसके 43 सदस्य हैं।

इनमें महिलाएँ हैं तो पुरुष भी। छात्र-छात्राएँ, रिसर्चर्स हैं तो सरकारी कर्मचारी, स्कूल शिक्षक, पुलिस अधिकारी, रिटायर्ड और गैर-नौकरीपेशा, गैर-व्यवसायी भी। हिन्दुस्तान में रहने वाले और एनआरआई भी। गैर-सदस्य भी अपने लेख यहाँ प्रकाशित होने के लिए भेजते हैं। इस मायने में अपनी शुरुआत के समय से ही इसे चोखेरबाली की सबसे बड़ी उपलब्धि कहा जा सकता है कि हिन्दी ब्लॉग-जगत् अब अपने लेखन में जेंडरिंग को अनदेखा नहीं कर सकता और स्त्री मुद्दों के प्रति संवेदनशीलता के कुछ चिह्न उसकी अभिव्यक्तियों में दिखने लगे हैं। चोखेरबाली समुदाय की सोच और दृष्टि अन्य कई निजी ब्लॉग-पोस्ट्स में यदा-कदा दिखाई दे जाती है। साथ ही, अपनी भाषिक अभिव्यक्तियों में जहाँ ब्लॉगर पूर्वग्रहग्रस्त दिखाई देते हैं वहीं उन्हें विरोध का सामना करना पड़ता है, लानत-मलामत होती है। लेखन में भाषिक असंयम बरतने वाले अब निरापद नहीं रहते। संवाद स्थापित हुआ है। दिलचस्प बात यह है कि पोस्ट चाहे छोटी हो, ब्लॉग टिप्पणियों से सदा गुंजार रहा है। इनसे पोस्ट को विमर्शात्मक दिशा मिली है, बहस आगे बढ़ी है।

हिन्दी ब्लॉग-जगत् का ढाँचा अभी पितृसत्तात्मक है, फिर भी कुल मिलाकर जेंडर हिन्दी ब्लॉग-जगत् की मुख्य चर्चाओं का हिस्सा बना है, चाहे उसका मंच चोखेरबाली हो या नहीं हो। और प्रतिक्रियावादी जोरदार तरीके से उसका विरोध भी करने लगे हैं। हिन्दी ब्लॉग-जगत् में स्त्री लेखन में जो सक्रियता आई उसके जवाब में या तो चुप्पी है, या सहमति है (जो कि बहुत कम है) या सीधा-सीधा विरोध है–सभी अपने-अपने तरीके से अपना विरोध जाहिर कर रहे हैं। कोई विज्ञान के तर्क के सहारे, कोई खबरों के सहारे, कोई भावुकता से, कोई धूर्तता से।

पर फिर भी यह चुप्पी से बेहतर है!

चोखेरबाली आगन्तुक कथा वाया स्टेट काउंटर

–नीलिमा

(http://sandoftheeye.blogspot.com/2008/02/blog&post_19.html)

आप कह सकते हैं कि इसमें अलग क्या है। आखिर चोखेरबाली एक नया ब्लॉग है, सिर्फ दस दिन पुराना। उस लिहाज से 220 की औसत से पेजलोड कम नहीं है। पर हमारा इशारा उस ओर नहीं है। हम कहना चाहते हैं कि पेजलोड और यूनीक विजिटर के बीच का अन्तराल देखें। औसत पेजलोड हैं 219 और

यूनीक विजिटर औसत 76। इतना अधिक अन्तराल सामान्यतः एग्रीगेटरों में तो देखा जाता है—मसलन, नारद की विवादकालीन आवाजाही में यूनीक विजिटर व पेजलोड के बीच इतना अधिक अन्तर था किन्तु किसी ब्लॉग के लिए यह कुछ सामान्य नहीं है।

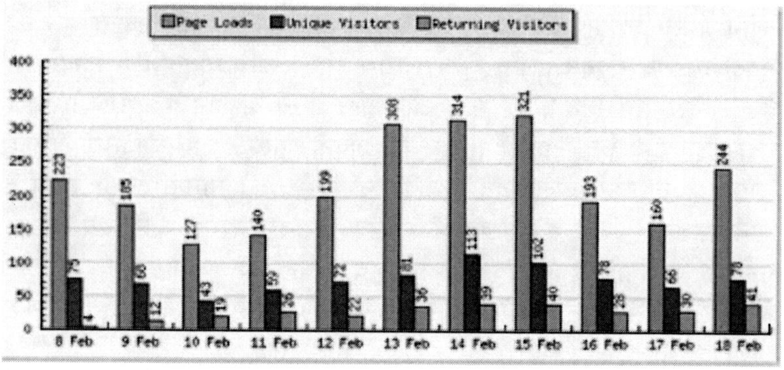

आसान भाषा में इसका क्या मतलब है? हमारी अनन्तिम-सी व्याख्या इस प्रकार है—

1. सबसे पहली बात तो यह कि सामुदायिक ब्लॉगों और निजी ब्लॉगों के ट्रेफिक पैटर्न में अन्तर है—अगर मोहल्ला और भड़ास या हिन्दयुग्म के आँकड़ों से तुलना करें तो और बेहतर तस्वीर मिलें पर प्रथम द्रष्टया तो लगता है कि सामुदायिक ब्लॉग लोग अलग अपेक्षाओं से पढ़ते हैं। पोस्ट संख्या का अधिक होना भी एक भूमिका अदा करता है।
2. लेकिन मूल बात जो चोखेरबाली में दिखाई दे रही है वह यह है कि यह वाकई चोखेरबाली है, खटकने वाला ब्लॉग...कुछ लोग बार-बार वापस आकर देख रहे हैं...हम्म क्या हुआ...क्या हुआ। बाकी जबर्दस्त इग्नोर मार रहे हैं।
3. क्यों झाँक रहे हैं बार-बार...? मुझे लगता है टिप्पणियाँ। जी, सम्भवतः पहली बार ब्लॉग में पोस्ट से ज्यादा आकर्षण टिप्पणियों का है, इतना कि टिप्पणियाँ ट्रेफिक ला रही हैं। इस ब्लॉग पर 'अच्छा हुआ है' लिखने वाले आमतौर पर नदारद हैं (चिट्ठे 'अच्छा है' के खिलाफ तो बाकायदा झंडा लिये है, कुछ अच्छी नहीं हैं, हम पतनशीला हैं, बोलो क्या कल्लोगे) और टिप्पणियाँ लम्बी हैं, विमर्शात्मक हैं, तल्ख भी हैं।

4. एक अन्य अपुष्ट बात यह है कि एग्रीगेटरों के स्थान पर चिट्ठासंसार में अब ध्रुवीकरण सामुदायिक ब्लॉगों के इर्द-गिर्द होने वाला है—इस विषय पर अगली किसी पोस्ट में लिखूँगी।

जो बात आँकड़ों से नहीं दिख रही वह यह कि इस चिट्ठे को लेकर ही ऐसी विचित्र प्रतिक्रिया क्यों है? पर इस बात को समझने के लिए आँकड़ों को नहीं, समाज को देखने की जरूरत है। चिट्ठों में स्त्रियों से 'भाभीजी', 'माताजी' खानपान, हे हे हे टाइप लेखन की उम्मीद रही है। चोखेरबाली चुभने के लिए आया है और चुभ रहा है।

आजादी व्यक्तिगत से ज्यादा एक सामाजिक क्वेस्ट है

–स्वप्नदर्शी

(http://sandoftheeye.blogspot.com/2008/04/blog&post_25.html)

आजादी एक व्यक्तिगत क्वेस्ट से बहुत ज्यादा एक सामाजिक क्वेस्ट है। व्यक्तिगत आजादी की अपनी सीमा है, और यह व्यक्ति के साथ ही, खत्म हो जाती है। इससे समाज के बड़े हिस्से को कोई फायदा नहीं मिलता। इसीलिए सही मायनों में आजादी-पसन्द लोगों को एक बड़ी सामाजिक लड़ाई/प्रक्रिया का हिस्सा बनना चाहिए। अकसर महिला आजादी का प्रश्न एक व्यक्तिगत सवाल में तब्दील होता हुआ दिखता है। जैसे अगर महिला ने ठान ली तो मुक्त हो जाएगी। जैसे कि स्वतंत्रता का समाज से, कानून से, सभ्यता से कोई लेना-देना ही न हो।

एक बन्द कमरे में बैठा व्यक्ति स्वतंत्र है, अपनी मर्जी से खाने, पहनने, और अपना आचरण करने के लिए। पर एक सामाजिक स्पेस में यह स्वतंत्रता व्यक्ति नहीं, समाज तय करता है, धर्म से, कानून से, रिवाज से, संसाधन में साझेदारी से।

यह सोचने की बात है कि बन्द कमरे में कोई इनसान समाज से कितना स्वतंत्र है? अपनी सुविधा के साधन जो इस कमरे में हैं, वो समाज से ही आते हैं। चोरी का डर भी समाज से ही आता है। और विनिमय शक्ति भी एक सामाजिक शक्ति है। बन्द कमरे वाला इनसान भी कितना सामाजिक है? इस मायने में स्त्री की समस्या भी क्या केवल स्त्री की ही है? क्या सिर्फ इसका निपटारा व्यक्तिगत स्तर पर हो सकता है? क्या स्त्री की समाज में दुर्दशा का प्रभाव पुरुष पर नहीं पड़ता? क्या पुरुष पूरी तरह आजाद है? घर चलाने का

जुआ उसके सर भी तो है। एक ख़ास तरह से चाहते न चाहते उसे भी अपने जेंडर के रोल में फिट बैठना है।

अगर स्त्री आजाद होती तो क्या पुरुष भी कुछ हद तक और ज्यादा आजाद नहीं होता?

ये एक बड़े फलक के सवाल हैं, और एक बड़ी जमीन, और बड़ा आसमान माँगते हैं।

(आलेख का मुख्य आधार सामुदायिक ब्लॉग 'चोखेरबाली' के संचालकों में से एक–सुजाता का 'चोखेरबाली के मायने' लेख है। इसके अलावा ब्लॉग पर यहाँ-वहाँ अपने मकसद को स्पष्ट करते उनके लेखों-टिप्पणियों के हिस्सों और कुछ अन्य सदस्यों की पोस्टों और टिप्पणियों के टुकड़ों को भी शामिल किया गया है। अन्त में दो पोस्ट नमूने के तौर पर हैं, जिनमें से पहला, ब्लॉग शुरू होने के 10 दिन बाद ही उस पर नेटीजन्स की आवाजाही के आँकड़ों के विश्लेषण पर आधारित है और दूसरा स्वप्नदर्शी की एक पोस्ट का हिस्सा।)

sandoftheeye.blogspot.com

कबाड़खाना : एक ब्लॉग का फलसफा

अशोक पाण्डे

इंटरनेट पर अपने अनुभव बाकी लोगों के साथ बाँटने के लिए इस्तेमाल की जाने वाली एक तरह की व्यक्तिगत डिजिटल डायरी के लिए *वेब्लॉग* शब्द का प्रयोग सबसे पहले 17 दिसम्बर, 1997 को जोर्न बार्जर द्वारा किया गया था। *बार्जर रोबोट विस्डम* नाम की अपनी एक वेबसाइट पर इस तरह के अनुभव बाँटा करते थे। अप्रैल-मई 1999 में *वेब्लॉग* शब्द से यूँ ही खेलते हुए अपने ब्लॉग पीटरमी डॉट कॉम इस शब्द को वी ब्लॉग में तोड़कर पहले-पहल ब्लॉग शब्द का बाकायदा प्रयोग किया। कुछ ही समय बाद पाइरा लैब्स के इवान विलियम्स ने सबसे पहले 'ब्लॉग' शब्द को बतौर संज्ञा और क्रिया इस्तेमाल किया। यहीं से 'ब्लॉगर' शब्द का भी उद्‌भव हुआ। इवान विलियम्स ने मेग हॉरीहैन के साथ मिलकर अगस्त 1999 में ब्लॉगर.कॉम लांच किया जिसे फरवरी 2003 में गूगल ने खरीद लिया। इसी के आसपास ओपेन डायरी, लाइवजर्नल और पिटास.कॉम जैसे ब्लॉगिंग उपकरण भी अन्य लोगों ने इस्तेमाल किए पर ब्लॉगर.कॉम इन उपकरणों में सबसे सफल और लोकप्रिय हुआ।

बहुत ही कम समय में दुनिया में ब्लॉगिंग करने वालों की संख्या अनुमान से कहीं आगे जा पहुँची। फिलहाल कितने लोग इस विधा में सक्रिय रूप से लगे हुए हैं, सही-सही कह पाना मुश्किल होगा। लेकिन अकेले अंग्रेजी भाषा में ब्लॉगिंग करने वालों की संख्या कई करोड़ तो होगी ही। एक आधिकारिक ब्लॉग-एग्रीगेटर टेक्नोराटी के मुताबिक, 2007 तक दुनिया-भर में तकरीबन सौ करोड़ सक्रिय ब्लॉग थे। जाहिर है, अकल्पनीय रूप से इतने सारे लोगों द्वारा अपनाई गई इस विधा ने संचार के एकदम नए साधन का रूप हासिल करने में बहुत समय नहीं लिया।

हिन्दी भाषा में ब्लॉगिंग कई कारकों के चलते काफी देरी से पहुँची या यूँ कहना चाहिए काफी देरी से लोकप्रियता हासिल कर सकी। आलोक कुमार के

ब्लॉग नौ दो ग्यारह (http://9211.blogspot.in/) को हिन्दी का पहला ब्लॉग माना जाता है और यह ब्लॉग 2003 में ही सक्रिय था। आलोक कुमार ने ही ब्लॉग के लिए हिन्दी में 'चिट्ठा' शब्द का प्रयोग करना शुरू किया। लेकिन हिन्दी में टाइप करने में आने वाली तमाम दिक्कतों के चलते ब्लॉगिंग की पहुँच हिन्दी में बहुत ही कम, बल्कि नगण्य बनी रही। सन् 2003 में इंडिक यूनिकोड और गूगल इंडिल ट्रांसलिटरेटर जैसे उपकरणों के आने से हिन्दी ब्लॉगों की संख्या बहुत तेजी से बढ़ी। इसके अलावा मीडिया की मुख्यधारा ने भी संचार के इस उपकरण को खासी तवज्जो दी। एक अनुमान के मुताबिक, फिलहाल हिन्दी में सक्रिय ब्लॉगिंग करने वालों की संख्या कोई पच्चीस हजार होगी। मानना होगा कि अंग्रेजी और अन्य विदेशी भाषाओं की तुलना में यह संख्या काफी कम है लेकिन कारण कुछ भी हों, चीजों को देर से स्वीकार करने का चलन आधुनिक हिन्दी भाषा के स्थायी चरित्र का हिस्सा था और अब तक बना हुआ है।

मुझे यह बात स्वीकार करने में जरा भी हिचक नहीं है कि जुलाई 2007 तक हिन्दी ब्लॉगिंग के बारे में मेरी जानकारी शून्य थी। एक परिचित के इसरार पर मैंने 14 जुलाई, 2007 को अपने ब्लॉग कबाड़खाना (http://www.kabaadkhaana.blogspot.com/) की औपचारिक शुरुआत केवल इस अर्थहीन से लगने वाले इस वाक्य से कि–'कबाड़खाने में सभी का स्वागत है।' इसके दो-ढाई महीनों तक मैंने इस ब्लॉग को अनदेखा ही रखा। इसके पीछे भी सम्भवतः चीजों को देर से स्वीकार करने की मेरी वही गऊपट्टीवासियों वाली निर्विवाद प्रवृत्ति थी।

यह और बात है कि अपने परिचितों द्वारा नए-नए शुरू किए गए उनके ब्लॉगों और उनके द्वारा सुझाए गए अन्य ठिकानों पर मैंने ताक-झाँक जारी रखी। मुझे अहसास हुआ कि अधिकांश हिदी ब्लॉग एकांगी थे या बेहद व्यक्तिगत, जबकि अपनी मूल परिभाषा में ब्लॉगिंग जीवन से जुड़े अपने अनुभवों को बाँटने का औजार बताई गई थी, जो अपरिहार्य रूप से बहुआयामी होते हैं। इसके बावजूद कुछ ब्लॉग मेरा ध्यान खींच पाने में कामयाब हुए जिनमें से अधिकांश मेरे परिचित-मित्रों द्वारा चलाए जा रहे थे। उदाहरण के तौर पर, रेडियो पर काम करने वाले मित्र इरफान का ब्लॉग टूटी हुई बिखरी हुई (http://tooteehueebikhreehuee.blogspot.in), पत्रकार चन्द्रभूषण का पहलू (http://pahalu.blogspot.in), यूनुस ख़ान और विमल वर्मा के संगीत-केन्द्रित ब्लॉग क्रमशः रेडियोवाणी (http://radiovani.blogspot.in) और ठुमरी (http:/

/thumri.blogspot.in), इरफान का ही ट्रकछाप शायरी पर केन्द्रित सस्ता शेर (http://ramrotiaaloo.blogspot.com/) और आशुतोष उपाध्याय का बुग्याल (http://bugyaal.blogspot.com/) इत्यादि। इसके अलावा जिन चिट्ठों ने ध्यान खींचा उनमें गीत चतुर्वेदी का वैतागवाड़ी (http://geetchaturvedi-blogspot.in/), अजित वडनेरकर का शब्दों का सफर (http://shabdavali-blogspot.in/), दिलीप मण्डल का रिजेक्ट माल (http://rejectmaal-blogspot.in/), टीवी पत्रकार रवीश कुमार का कस्बा (http://naisadak-blogspot.in/) और अविनाश दास द्वारा संचालित सामूहिक पत्रकारितापरक ब्लॉग मोहल्ला (http://mohallalive.com/) प्रमुख थे। और भी कई थे पर उन सबके नाम इस समय याद नहीं आ रहे।

कबाड़खाना की किसी ठोस संरचना ने अभी मन में जगह बनाना शुरू नहीं किया था। शुरुआत में कुछ गप्पों और ताजा किए गए कुछ अनुवादों को कबाड़खाना पर पोस्ट करने के बाद मेरे मन में यह विचार आया कि क्यों न इस ब्लॉग को एक सामूहिक मंच बनाया जाए। पत्रकारिता पर आधारित कुछेक सामूहिक ब्लॉग पहले से ही विद्यमान थे और कुछ ऐसे भी जिनमें बाकायदा हर रोज चुनिन्दा हिन्दी चिट्ठों की पोस्ट्स पर समालोचनात्मक समीक्षाएँ प्रकाशित होती थीं। लेकिन कला की तमाम विधाओं, गप्पों, संगीत, फिल्मों और समकालीन महत्त्व के मुद्दों को एक साथ समेटे कोई एक ब्लॉग नजर नहीं आता था। यदि ऐसे इक्का-दुक्का उदाहरण थे भी तो वे भीषण तरीके से आत्मकेन्द्रित और किंचित् बचकाने थे।

कबाड़खाना को सामूहिक ब्लॉग बनाने की शुरुआत काफी उत्साहजनक रही और दो महीने बीतते न बीतते इस ब्लॉग से कोई डेढ़ दर्जन भर रचनात्मक मित्र जुड़ गए जिन्हें श्रेष्ठ कबाड़ी के नाम से सम्बोधित गया। इनमें साहित्य अकादेमी पुरस्कार विजेता वीरेन डंगवाल भी थे, कवि सुन्दर चन्द ठाकुर, सिद्धेश्वर सिंह और शिरीष मौर्य भी, पत्रकारिता से जुड़े आशुतोष उपाध्याय, चन्द्रभूषण, राजेश जोशी और रेडियो से जुड़े इरफान और मुनीश शर्मा भी। 8 अक्टूबर, 2007 को एक पोस्ट में आशुतोष उपाध्याय ने कबाड़वाद का मैनिफेस्टो जैसा कुछ यूँ लिखा–

'दुनिया के सबसे खादू और बरबादू देश अमेरिका की कोख से जन्मा है कबाड़वाद (फ्रीगानिज्म) और बनाना चाहता है इस दुनिया को सबके जीने लायक और लम्बा टिकने लायक। कबाड़वादी मौजूदा वैश्विक अर्थव्यवस्था में उत्पादित चीजों को कम से कम इस्तेमाल करना चाहते हैं। फर्स्टहैण्ड तो बिलकुल नहीं। ये लोग प्राकृतिक संसाधनों से उतना भर लेना चाहते हैं, जितना

कुदरत ने उनके लिए तय किया है। कबाड़वाद के अनुयायी वर्तमान व्यवस्था की उपभोक्तावाद, व्यक्तिवाद, प्रतिद्वन्द्विता और लालच जैसी वृत्तियों के बरक्स समुदाय भलाई, सामाजिक सरोकार, स्वतंत्रता, साझेदारी और मिल-बाँटकर रहने जैसी बातों में विश्वास करते हैं। दरअसल, कबाड़वाद मुनाफे की अर्थव्यवस्था का निषेध करता है और कहता है इस धरती में हर जीव को अपने हिस्से का भोजन पाने का हक है। इसलिए कबाड़वादी खाने-पीने, ओढ़ने-बिछाने, पढ़ने-लिखने सहित अपनी सारी जरूरतें कबाड़ से निकालकर पूरी करते हैं।

मैं समझता हूँ हम कबाड़खाने के कबाड़ियों में भी ऐसा कोई नहीं, जो कबाड़वाद की भावना की इज्जत न करता हो। कबाड़वादी बनना आसान नहीं लेकिन हम सब उसकी स्पिरिट के मुताबिक बड़ा बनने की लँगड़ीमार दौड़ से बाहर रहने के हिमायती रहे हैं।

तो हे कबाड़ियो! आज कसम खाएँ, कबाड़खाने में सहृदयता के बिरवे को हरा-भरा रखने के लिए अपनी आँखों की नमी को सूखने नहीं देंगे। आमीन!'

शुरू में कबाड़खाना पर बड़े हिन्दी कवियों की कविताएँ या विश्व साहित्य से कविताओं और महत्त्वपूर्ण गद्य के टुकड़ों के अनुवाद पोस्ट किए जाते रहे पर जल्द ही इतिहास, यात्रावृत्तान्त और सूचनापरक चीजों ने अपनी जगह बनानी शुरू की। उस समय हिन्दी में दो महत्त्वपूर्ण ब्लॉग एग्रीगेटर सक्रिय थे, जिनमें दुनिया में कहीं से भी ताजा प्रकाशित कोई भी ब्लॉग-पोस्ट कुछेक सेकंडों के भीतर दिखाई देना शुरू हो जाती थीं और नई-नई ऑक्सीजन पाई हिन्दी ब्लॉगिंग के लिए ये एग्रीगेटर बहुत काम के साबित हुए। इनके नाम थे–ब्लॉगवाणी (http://www.blogvani.com) और चिट्ठाजगत् (chitthajagat.in)। इन एग्रीगेटरों ने कबाड़खाना का नोटिस लिया और देश-विदेश से नए-नए पाठक कबाड़खाना से जुड़ने लगे और यह जुड़ाव खासा आत्मीय बनने लगा–यह भी गऊपट्टी की निर्विवाद विशेषताओं में एक है। इसके अलावा पोस्टों पर आने वाली टिप्पणियों की संख्या भी बढ़ती गई। यह सब बहुत सुनिश्चित करने वाला था।

अक्टूबर के महीने से ही कबाड़खाना में पॉडकास्टिंग की शुरुआत हुई। पॉडकास्टिंग माने ऑडियो ब्लॉगिंग–इस क्रम में हमने सबसे पहले ख्यात अंग्रेजी ग्रुप बीटल्स के मुख्य गायक जॉर्ज हैरिसन द्वारा गाए गए दुर्लभ गीत 'देहरादून' (http://kabaadkhaana.blogspot.in/2007/10/blog-post_19.html) को पोस्ट किया। इस पर मिली प्रतिक्रियाएँ हमारे बहुत काम की थीं। इन प्रतिक्रियाओं

ने हमें बताया कि हिन्दीभाषी क्षेत्र का पाठक या श्रोता उतना भी गया-बीता नहीं है जितना आमतौर पर समझा जाता रहा है। तो कबाड़खाना में महान मानवतावादी अश्वेत गायक पॉल रॉब्सन से लेकर हंगेरियाई और स्कैंडिनेयावियाई लोकसंगीत, और कैरिबियाई चटनी संगीत से लेकर अल्लाह जिलाई बाई की ठेठ शास्त्रीय लहजे वाली राजस्थानी रचनाएँ तक लगाने का साहस हमने किया और ये प्रयास सफल रहे। जाहिर है, अपनी समृद्ध शास्त्रीय हिन्दुस्तानी संगीत की परम्परा से भी कई नगीने हमने इस ब्लॉग पर प्रस्तुत किए–उस्ताद बड़े गुलाम अली खाँ, उस्ताद फैयाज खाँ, उस्ताद अमीर खाँ, उस्ताद फतेह अली खाँ, पंडित कुमार गन्धर्व, पंडित भीमसेन जोशी की शास्त्रीय रचनाएँ भी पोस्ट की गईं तो युवतर पीढ़ी के उस्ताद राशिद खान, अश्विनी भेंडे, अजय पोहनकर और शुभा मुद्‌गल की भी। लोकप्रिय भारतीय और पाश्चात्य संगीत भी कबाड़खाने में इफरात में पाया जा सकता है। और संगीत पर आधारित इन पोस्ट्स में हमने श्रोता को उतनी ही आवश्यक जानकारी देने की कोशिश की जितने कि ब्लॉग का 'अटैन्शन स्पैन' अनुमति देता है। मिसाल के तौर पर, उस्ताद अमीर खाँ साहेब पर अपनी पोस्ट में कबाड़खाना से नए-नए जुड़े इन्दौरवासी सुशोभित सक्तावत ने गद्य की एक शानदार बानगी पेश करते हुए लिखा :

"उस्ताद अमीर खाँ साहब के बारे में सोचते हुए मुझे और कुछ नहीं सूझता सिवाय इसके कि उन्हें एक गाता हुआ पहाड़ कहूँ। मेरु पहाड़। आज उनके वक्त से 35 बरस बाद टेप-कैसेट पर उनकी आवाज सुनकर हम बस अन्दाजा ही लगा सकते हैं उन्हें सामने बैठकर सुनना कैसा लगता होगा।

इसी इन्दौर शहर में उस्ताद अमीर खाँ रहे थे। यहाँ हम आज भी उनके अन्तिम राग के अन्तिम षडज की अनुगूँज छूकर देख सकते हैं...हमारे लिए इन्दौर एक शहर नहीं, एक घराना है।

मुझे नहीं मालूम उत्तर प्रदेश के कैराना और इन्दौर के बीच की दूरी कितनी है। शायद सैकड़ों किलोमीटर होगी, लेकिन संगीत की सरहद में साँसें लेने वालों के लिए इन दो शहरों की दूरी तानपूरे के दो तारों जितनी भर है–षडज और पंचम–कुल जमा इतनी ही। जैसे स्पेस की छाती में अंकित दो वादी और संवादी सुर। कैराना गाँव में ही उस्ताद अब्दुल करीम खाँ और उस्ताद अब्दुल वहीद खाँ (बेहरे खाँ) जन्मे और जवान हुए। उन्हीं के साथ परवान चढ़ा गायकी का वह अन्दाज, जिसे किराना घराने की गायकी कहा जाता है। कोमल स्वराघात और धीमी बढ़त वाला शरीफ खयाल गायन। इन दोनों उस्तादों के बाद इस घराने

में सवाई गन्धर्व, गंगूबाई हंगल, पं. भीमसेन जोशी, हीराबाई बड़ोदेकर जैसे गाने वाले हुए। उस्ताद अमीर खाँ देवास वाले उस्ताद रजब अली खाँ साहब की परम्परा से इन्दौर घराने में आते हैं, लेकिन सच तो यह है किराना घराने वाले उन्हें अपना सगा मानते हैं। आप बात शुरू करें और कोई भी किराना घराने वाला कह देगा–गौर से सुनिए, क्या गायकी की यह ख़रज और गढ़न हू-ब-हू हमारे बेहरे खाँ साहब जैसी नहीं है... ।

लेकिन सबसे बड़ी चीज है वह पुकार, वह आह्लाद, वह बेचैनी और वह अधूरापन, जो संगीत की बड़ी से बड़ी सभा के बाद पीछे छूट जाता है। न जाने क्यों, मैं यह मानने को मजबूर हूँ कि महानतम कला वही है, जो हमें हमारे उस अपूर्ण आह्लाद पर स्थानान्तरित कर दे। बोर्खेस के लफ्जों में, 'साक्षात् की तात्कालिक सम्भावना'...एक अजब-सी सुसाइडल और ट्रांसेंडेंटल शै, जो सदियों से इनसानी रूह को रूई की मानिन्द धुनती रही है। मैं लिखकर बता नहीं सकता अमीर खाँ की तोड़ी में 'काजो रे मोहम्मद शाह' पर पड़ने वाली पहली सम क्या बला है और मालकौंस के पुकारते हुए आलाप के हमारी जिन्दगी और हमारे वजूद के लिए क्या मायने हैं।...

उस्ताद को सुनते हुए मैं अक्सर सोचा करता था कि क्या इस शख़्स के सामने वक्त जैसी कोई दीवार खड़ी है या नहीं। टाइम और स्पेस आदमियत के दुरुख के दो छोर हैं–ऐसा मैंने हमेशा माना है–और उस्ताद को सुनते हुए हमेशा मैंने हैरानी के साथ यह महसूस किया है कि जमानों और इलाकों के परे चले जाना क्या होता है...जहाँ मौत एक मामूली-सा मजाक बनकर रह जाती है। उस्ताद की भरावेदार आवाज ने कई स्तरों पर हमारी जिन्दगी को एक कभी न खत्म होने वाली सभा बना दिया है।

और तब मैं एक फंतासी में दाखिल हो जाता हूँ, जहाँ झूमरा ताल की बेहद धीमी लय सरकती रहती है...तानपूरे की नदी 'सा' और 'पा' के अपने दोनों किनारे तोड़ रही होती है...लय द्रुत होती चली जाती है और मात्राएँ तबले से फिसलकर गिरने लगती हैं...सन् 74 का साल आता है और कलकते के करीब एक मोटरकार दुर्घटनाग्रस्त होकर चकनाचूर हो जाती है...कार में से एक लहीम-शहीम मुर्दा देह जब्त होती है, लेकिन बैकग्राउंड में बड़े खयाल की गायकी बन्द नहीं होती...वह आवाज बुलन्द से बुलन्दतर होती चली जाती है और तमाम मर्सियों के कन्धों पर चढ़कर गहरी-अँधेरी खोहों के भीतर सबसे ऊँचे पहाड़ झाँकते रहते हैं...गाते हुए पहाड़, धीरे-धीरे पिघलते-से...जैसे वजूद की बर्फ गल रही हो।

उस्ताद को याद करते ये शहर एक घराना है...उस्ताद को सुनते ये सुबह एक नींद." (http://kabaadkhaana.blogspot.in/2009/07/blog-post_24.html)

इसी के बरअक्स भारतीय उपमहाद्वीप में पॉप संगीत के लिए नए आयाम खोलने वाली नाजिया हसन, जिसे लोग आज भी एक अल्हड़ किशोरी के तौर पर याद करते हैं को पुनर्परिचित कराते हुए जब यह पोस्ट लगी तो मेरे लिए यह अजूबे सरीखी घटना थी कि सूचना क्रान्ति के इस तथाकथित दौर में कई लोगों को यह तक पता नहीं था कि नाजिया हसन अब इस संसार में नहीं हैं–

'उन्नीस सौ अस्सी का साल था। मेरी उम्र थी कुल चौदह बरस और हॉस्टल में सीनियर्स की डॉर्मेट्री में रखे और उन्हीं के अधिकार क्षेत्र में आने वाले रिकॉर्ड प्लेयर पर बहुत ही मुलायम आवाज में लगातार एक गीत बजा करने लगा था। इस डॉर्मेट्री से कभी तो बोनी एम या फंकी टाउन जैसे गीतों की आवाज आया करती थी या सदाबहार मोहम्मद रफी और किशोर कुमार, पर इधर 'आप जैसा कोई मेरी जिन्दगी में आए' ने बाकी सारे संगीत को हाशिए में डाल दिया था।

लन्दन में रहने वाले संगीत निर्देशक बिद्दू ने यह गीत जब रिकॉर्ड किया था, नाजिया हसन पन्द्रह साल की थीं। बाद में यह फीरोज खान की फिल्म 'कुर्बानी' के सुपरहिट होने की वजह बना। लता-किशोर-रफी-मुकेश के एकाधिकार में जैसे अचानक इस किशोरी ने सेंध लगाई और समूचे भारतीय उपमहाद्वीप के पॉप संगीत परिदृश्य को पूरी तरह बदल दिया।

इस गीत की सफलता से उत्साहित होकर बिद्दू ने नाजिया के भाई जोहेब हसन के साथ 'डिस्को दीवाने' अल्बम निकाला। इस अल्बम ने तो नाजिया हसन को रातोरात बहुत बड़ा स्टार बना दिया। भारत-पाकिस्तान में तो इस रिकॉर्ड की जबर्दस्त बिक्री हुई ही, लैटिन अमेरिकी देशों, खासतौर पर ब्राजील में यह अल्बम पहले नम्बर तक भी पहुँचा। डेविड सोल से लेकर जिया मोहिउद्दीन जैसे लोगों ने राष्ट्रीय-अन्तर्राष्ट्रीय मीडिया के लिए जोहेब-नाजिया के इंटरव्यू लिये।

भारत में बिनाका गीतमाला में चौदह हफ्ते टॉप पर रहने के बाद 'आप जैसा कोई' अन्ततः चौथे नम्बर पर रहा।

नाजिया अगले कई सालों तक संगीत की दुनिया के अलावा गरीब बच्चों की शिक्षा के क्षेत्र में लम्बे समय काम करती रहीं। अलबत्ता इस बारे में बहुत ज्यादा सूचनाएँ हमारे यहाँ नहीं पहुँचीं। पाकिस्तान में रहते हुए नाजिया हसन ने राजस्थान के गरीब बच्चों के लिए धन जुटाने में मशक्कत की। संगीत

नाजिया का शौक भर था। लोकप्रियता के क्षेत्र में झंडा गाड़ चुकने के बाद उसने इंग्लैंड से कानून की पढ़ाई समाप्त की और संयुक्त राष्ट्रसंघ के लिए काम किया।

30 मार्च, 1995 को नाजिया का विवाह मिर्जा इश्तियाक बेग से हुआ। यह एक त्रासकारी सम्बन्ध था और 3 अगस्त, 2000 को कानूनी तौर पर घोषित तलाक के साथ समाप्त हुआ। दस दिन बाद यानी 13 अगस्त को फेफड़े के कैंसर के कारण उसकी मृत्यु हो गई।

हो सकता है, संगीत के मर्मज्ञ इसे बचकाना कहें पर मेरा ठोस यकीन है कि नाजिया हसन के बाद भारतीय फिल्म और पॉप संगीत का चेहरा पूरी तरह बदल गया था। आज के लोकप्रिय संगीत की सतह को ध्यान से खुरचा जाए को आप पाएँगे कि नाक से गाने वाली इस सुन्दर, दुबली-पतली किशोरी ने साल-दो साल में जो कुछ किया, उसने आने वाले समय में अलीशा चिनॉय, लकी अली, इंडियन ओशन जैसे अनगिन नामों के लिए मजबूत बुनियाद तैयार कर दी थी।' (http://kabaadkhaana.blogspot.in/2008/11/blog-post_18.html)

कहने का अभिप्राय यह है कि ब्लॉग पर आप अपनी पसन्द लोगों के साथ बाँट सकते हैं और कई सारी ऐसी जरूरी सूचनाएँ भी उन तक पहुँचा सकते हैं जो आपकी निगाह में महत्त्वपूर्ण हों। यानी करीब एक वर्ष तक कबाड़खाना के संचालन के बाद एक बात इस ब्लॉग के सभी साथियों की समझ में आ गई थी कि अच्छी स्तरीय चीजें (जिनकी दुनिया में कोई कमी नहीं है) को लोगों के साथ शेयर करने के उद्देश्य से ब्लॉग एक मजबूत प्लेटफॉर्म उपलब्ध करा सकता है।

kabaadkhaana.blogspot.in
ashokpande29@gmail.com

❑❑❑